高等职业教育物流创新人才培养系列教材
物流与供应链国家创新教学团队成果教材

货 物 学

主　编　孔月红

副主编　谭丹丹　徐　丽

参　编　朱耀宗　曹宝亚　李红雨

　　　　张冰华　耿　殷　许闪光

机械工业出版社
CHINA MACHINE PRESS

本书是全国物流职业教育教学指导委员会"基于新专业标准的物流类专业教材建设"专项课题研究成果教材。同时，本书作为第二批国家级职业教育教师教学创新团队现代物流与供应链协作共同体的主要建设成果之一，是在深入总结国家创新团队"三教改革"实践经验的基础上编写而成的。

　　本书按照"认识货物—了解货物—处理一般货物—处理特殊货物"的认知逻辑划分为八个项目，分别是：货物与货物学概述、货物的分类与编码、货物的质量与标准、货物检验、货物包装与标志、货物储存与养护、危险品货物、集装箱货物。每个项目设有具体的学习单元，旨在帮助读者拓展专业知识，提高实践技能。

　　本书秉承工作过程导向理念，以技能训练任务为引导，适合开展翻转课堂，营造同侪互学氛围。对于相对复杂的知识点和技能点，本书均配有导学视频等数字资源，可通过扫描活页学习手册中的二维码来即时学习。同时还配套了助学课件、助学案例等丰富的电子资源，并建有在线课程。

　　本书可以作为高职高专、职业本科、应用型本科等院校物流类专业的教材，还可作为从事与货物相关物流活动的社会人员的培训教材和自学读本。

图书在版编目（CIP）数据

货物学 / 孔月红主编 . -- 北京 ：机械工业出版社，

2025. 1. -- ISBN 978-7-111-77100-5

I. F252

中国国家版本馆 CIP 数据核字第 2024ER0230 号

机械工业出版社（北京市百万庄大街 22 号　邮政编码 100037）

策划编辑：孔文梅　胡延斌　　责任编辑：孔文梅　胡延斌　张美杰
责任校对：张爱妮　梁　静　　封面设计：马若濛
责任印制：常天培
固安县铭成印刷有限公司印刷
2025 年 1 月第 1 版第 1 次印刷
184mm×260mm · 14 印张 · 257 千字
标准书号：ISBN 978-7-111-77100-5
定价：49.00 元

电话服务　　　　　　　　　　网络服务
客服电话：010-88361066　　　机 工 官 网：www.cmpbook.com
　　　　　010-88379833　　　机 工 官 博：weibo.com/cmp1952
　　　　　010-68326294　　　金 书 网：www.golden-book.com
封底无防伪标均为盗版　　机工教育服务网：www.cmpedu.com

前 言

《货物学》是第二批国家级职业教育教师教学创新团队现代物流与供应链协作共同体的主要建设成果之一。本书可作为高职现代物流管理、采购与供应管理、供应链运营,中职物流服务与管理等相关专业的课程教学用书,也可作为各物流公司、运输仓储企业相关人员的培训教材和业务参考书。

物流活动的关键对象就是货物,在仓储、运输、搬运、装卸等作业活动中,其对象都是货物。因此,针对不同货物的性质和特点采取不同的方法和策略进行处理,对降低物流成本、提高物流效率至关重要。

本书对标最新《职业大典》仓储管理员、采购员、道路货运业务员、物流服务师、供应链管理师等职业标准,对标物流类专业教学标准,融入物流类 1+X 证书内容和技能竞赛相关要求,按"认识货物—了解货物—处理一般货物—处理特殊货物"的逻辑划分为八个项目,分别是:货物与货物学概述、货物的分类与编码、货物的质量与标准、货物检验、货物包装与标志、货物储存与养护、危险品货物、集装箱货物。每个项目设有具体的学习单元。本书既重视知识内容的介绍,也侧重能力的培养,每个项目均配备可拆卸活页式技能训练。此外,本书还注重立德树人,坚持德育为先,以人为本,注重培养学生的职业认同感及自豪感。

本书结合最新的职业教育理念及教学研究成果,具有以下特色和创新点:

(1)国家创新团队共同编写。本书团队成员多为第二批国家级职业教育教师教学创新团队现代物流与供应链协作共同体单位核心成员。基于模块化课程建设需要,构建了"专业多元、结构合理、任务明确"的结构化编写团队。

(2)顶层标准引领,工作过程导向。"货物学"是《职业教育专业简介》(2022 年修订)中规定开设的专业基础课程。本书充分对标职业岗位能力要求、专业教学简介和教学标准(征求意见稿),对标职业技能等级证书,开发了工作过程导向的教学项目。

(3)产教融合共编,融入"三新"元素。本书由企业、学校共同编写,注重产教融合、校企合作。内容方面融入了新型包装材料和技术,纳入了托盘一贯化运输等新模式,并结合了《多式联运货物分类与代码》(GB/T 42820—2023)等新标准、新规范。

（4）全程"任务驱动"，侧重能力培养。本书编写贯彻"项目引领、任务驱动"的教学理念，有针对性地设计教学项目，配置学习单元。以"活页任务单"作为驱动引领，可使学生实现"做中学"，突出解决问题能力的培养。

（5）"新型活页"教材，教学资源丰富。本书采用独立成册的"活页学习手册"，实现了可拆可重组，满足任务需要。在教学实施环节，以教材活动设计和配套资源为引领，推动"教材、教师、教法"三教改革。

本书由南京铁道职业技术学院孔月红担任主编，南京铁道职业技术学院谭丹丹、新疆交通职业技术学院徐丽担任副主编。项目一至项目四由南京铁道职业技术学院孔月红负责编写，项目五由新疆交通职业技术学院徐丽、南京铁道职业技术学院朱耀宗、安徽财贸职业学院曹宝亚负责编写，项目六、项目七由南京铁道职业技术学院谭丹丹负责编写，项目八由南京铁道职业技术学院李红雨、耿殷和辽宁省交通高等专科学校张冰华负责编写。全书技能训练企业案例由江苏京迅递供应链管理有限公司许闪光负责提供和编写，由孔月红负责统稿和总纂。

在编写过程中，编者参考、引用和改编了国内外出版物中关于采购管理实务方面的相关资料及网络资源，在此表示深深的感谢！

由于水平有限，书中仍可能存在错误和不足之处，真诚希望读者不吝指正，以便日后修订时改正。

为方便教学，本书配有电子课件等配套教学资源。凡使用本书的教师均可登录机械工业出版社教育服务网 www.cmpedu.com 下载。咨询电话：010-88379375，或加入 QQ 群：962304648。

编　者

目 录

学习项目一　货物与货物学概述

学习目标

知识目标

掌握货物的基本概念；

熟悉货物的基本性质；

熟悉货物的计量单位和计量方法。

能力目标

能够辨识物流活动中的货物，区分货物、商品和产品；

能够判断不同货物的基本性质；

能够正确使用货物计量单位和计量方法。

素养目标

培养持续学习与自我提升能力，激发物流货物学知识的学习热情；

通过了解古代货物计量方法，提高人文素养，增强文化认同感；

培养分析与解决问题的能力。

知识图谱

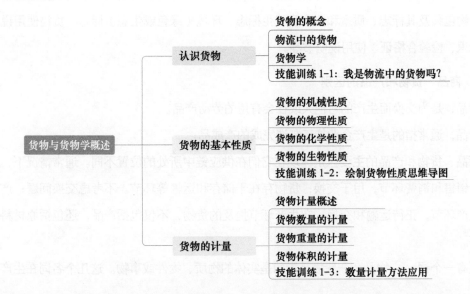

学习单元一　认识货物

✈ 学习导入

小空大学刚刚毕业，来到南方安宁物流有限公司开始实习工作。在实习期间，小空每天都置身于仓库中，目睹着货物进进出出。为了尽快适应岗位，熟悉工作任务，小空首先要了解什么是货物，以及它与商品、产品的区别。下面，就让我们陪伴小空一起认识货物，掌握货物的概念，了解货物学的相关知识吧。

✈ 知识内容

一、货物的概念

1．货物的含义

我国国家标准《物流术语》（GB/T 18354—2021）中对货物的定义是："经济与社会活动中实体流动的物质资料。"

货物（Cargo），通常是指在物流过程中运输、仓储部门承运和保管的各种原料、材料、商品以及其他产品或物品的总称。

货物的组成除了货物本身之外，还包括货物的有形附加物。货物的有形附加物包括货物名称、货物包装及其标志、质量和安全及卫生标志、环境（绿色或生态）标志、货物使用说明标签或标识、检验合格证、使用说明书等。

2．商品、货物和产品的区别

商品，是为交换而生产的对他人或社会有用的劳动产品。

产品，通常指的是生产企业加工制造完成的产成品。

商品、货物和产品的主要区别体现在它们在供应链中所处的位置不同。通常情况下，商品存在于销售和消费环节，用于交换；货物存在于储存和运输等环节。不考虑交换问题；产品存在于生产环节，正待运输和交换。在生产环节提及的货物，不仅包括产品，还包括原材料、零部件等。

还有一个词—— 物品，一般物品指的是实体的物质、物件或事物。这几个名词在生产生活中也经常会通用。

想一想:

请同学们思考一下，图1-1至图1-3中的矿泉水，都是物流从业人员服务的对象——货物吗？

图1-1　物流仓库中储存的矿泉水

图1-2　超市货架上的矿泉水

图1-3　生产线上的矿泉水

二、物流中的货物

物流（Logistics）原意为"实物分配"或"货物配送"，是供应链活动的一部分，是为了满足客户需要而对商品、服务消费以及相关信息从产地到消费地的高效、低成本流动和储存进行的规划、实施与控制的过程。

我国国家标准《物流术语》（GB/T 18354—2021）对物流的定义是：根据实际需要，将运输、储存、装卸、搬运、包装、流通加工、配送、信息处理等基本功能实施有机结合，使物品从供应地向接收地进行实体流动的过程。

从物流的角度来看，货物存在于物流过程中，是运输、储存、装卸、搬运、包装、流通加工、配送、信息处理等物流活动的作业对象。

【知识强化】

请扫一扫活页中二维码"导学视频1-1：我是货物吗？"，深入理解货物的概念。

三、货物学

1．货物学研究意义

货物学研究具有重要意义，它是一门以货物的质量为中心，深入研究货物使用价值的学科。该学科涵盖了货物的种类、特性、运输、储存、包装、保险、贸易等方面的问题，致力于研究有关货物的基本知识和运输技能，包括货物的分类和代码、货物质量和质量管理、货物包装与标志、货物储存与养护以及危险货物和集装箱货物的基本知识等。通过学习和研究货物学，我们可以更加了解货物的机械性质、物理特性、化学特性和生物性质，从而确保货物以更科学、安全的方式进行运送。我们应该多接触实际生活，将货物学的理论知识与实践相结合，更好地提升货物学的学科价值。

2．货物学的学科性质

从货物学的研究对象和内容来看，货物学与许多学科的理论知识有着密切的联系，这一点也决定了货物学所涉及的理论知识具有广泛性。研究货物的成分、结构和性质，要以化学、物理学、植物学和微生物学等学科的理论知识和研究方法为基础。

研究货物质量评定时，对其依据的研究离不开各种货物的质量特征，这就需要计量学、标准化等学科的理论知识。而对评定方法的研究，离不开物理学、分析化学和微生物学等学科的基础理论知识。研究影响货物质量的因素，所涉及的学科领域更加广泛。

研究货物分类、品种类别及其构成，乃至品种发展规律，需要分类学、统计学等学科的理论知识。研究货物名称、型号和系列，对其进行科学规范，需要数学等学科的理论知识。

综上所述，货物学不仅是物流从业人员从事物流工作的核心知识和技能基础，也是学习和研究物流管理、供应链运营的基石。

■ 技能训练 ■

技能训练 1-1：我是物流中的货物吗？

步骤 1：按照教师要求进行动态分组，每组选出组长和记录员。

步骤 2：在活页中扫码观看"导学视频 1-1：我是货物吗？"，分析哪些是物流活动中的货物。

步骤 3：小组进行"ME-WE-US"结构化研讨，填写活页任务单。

步骤 4：各组选派 1 名代表交流汇报。

步骤 5：完成评价打分（见表 1-1）。

表 1-1　技能训练 1-1 评价表

技能训练	评价项目	分值	评价			合计（100%）
			本组自评（20%）	小组互评（30%）	教师评价（50%）	
1-1	能够正确填写任务单	50				
	能够小组头脑风暴研讨	30				
	能够清晰分享小组观点	20				
小计						

学习单元二 货物的基本性质

学习导入

为什么有的货物包装上要限制堆码层数？为什么有的货物垫垛要做防水处理？为什么有的货物要采用遮光包装？类似这样的问题在许多物流从业人员的日常工作中都可能出现，小空也不例外。小空想尽快熟悉货物的性质，更好地了解货物，以便在储存、保管、运输等物流活动中保护好货物。下面，就让我们陪伴小空一起熟悉货物的基本性质，了解货物性质的相关知识和技能吧。

知识内容

货物通常具有两个维度的属性自然特性和社会特性。货物的自然特性由货物的成分、结构、形态、品质所决定，表现为机械、物理、化学和生物等方面的特性。货物的社会特性包括货物的经济特性、文化特性、政治特性和其他社会特性。

在物流活动的各个环节，如储存、装卸、搬运和运输中，由于货物自身的性质特点以及受环境的影响，会发生各种各样的质量变化，造成货损货差甚至丧失价值。货物的质量变化通常是由于货物的自然特性决定的，货物的自然特性包括机械性质、物理性质、化学性质和生物性质，这也是货物的基本性质。

一、货物的机械性质

1. 货物机械性质的含义

货物的机械性质是指货物的形态、结构在外力作用下发生机械变化的性质，变化的程度通常由货物的质量、形态和包装强度决定。在运输、装卸、储存过程中，货物受到的外力作用可分为两种：一种是静态作用力，也就是由于堆码带来的堆码压力；另一种是动态作用力，主要包括震动冲击、翻倒冲击和跌落冲击。具体如图1-4所示。

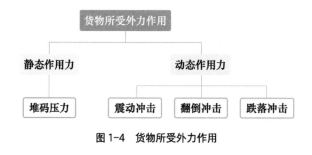

图1-4　货物所受外力作用

2．货物发生机械性质变化的形式

（1）变形。变形是指具有可塑性的货物发生变形。所谓可塑性，是指货物受外力作用后发生变形，而当移去外力后不能完全恢复原状的性质。这类货物虽不易碎裂，但受到超过货物所能承受的压力时就会引起制品变形，影响质量。如具有热变性的橡胶、塑料制品，在高温条件下受重压、久压极易变形。皮革制品和铝制品等也是如此。货物变形样例如图1-5所示。

图1-5　货物变形样例

在堆码作业中，对于易变形货物要确保堆形平整，堆装高度不宜过高，且不能在上面堆码重货。在货物装卸搬运作业中，要避免摔落、抛掷、撞击，机械作业时要稳铲、稳吊、稳放，防止因外力作用造成变形。

（2）破碎。破碎是指由于货物质脆或包装强度弱、承受一定的外力作用后造成破损。在运输中，易碎货物要求包装坚固，在搬运中须轻拿轻放、稳吊稳铲；码垛不宜过高，重货不应堆装在其上面，注意加固绑扎，以防止货物倒塌。如玻璃制品、陶瓷制品、电视机及使用玻璃、陶瓷作为包装的货物，均具有易破碎的特点。

（3）渗漏。渗漏主要发生在液体货物中。如果货物包装容器质量有缺陷、封口不严、灌装不符合要求，那么，在搬运过程中受到撞击、跌落或受高温作用时，则容易发生渗漏现象。为避免渗漏，在货物运输过程中，应加强对液体货物包装容器的检查，高温时应采取防暑降温措施；在货物装卸搬运作业中，要使用合适的机具，船舱内应紧密堆装不留空隙，以避免碰撞。对于易渗漏且有污染性的货物，应堆装于底部位置。如渗漏物有挥发性、散湿性，应做好防护措施。

（4）结块。结块主要发生在粉粒晶体状货物中。装载时堆码超高或受重货所压以及受水湿、高温、冷冻等因素的影响，易造成此类货物结块。易结块的货物如水泥、食糖、化肥、矿粉等。货物结块不仅对货物的质量有所损害，而且会在装卸中造成货物包装断裂，以致散装货物难以卸货。因此，在货物堆码作业中切勿重压、久压。在装卸货物时，不宜用水喷洒货物以免造成货物结块。货物结块样例如图1-6所示。

图1-6　货物结块样例

二、货物的物理性质

1．货物物理性质的含义

货物的物理性质是指货物在受外界的温度、湿度、阳光、雨水等因素的影响下，会发生物理变化的性质。货物发生物理变化时，虽不改变其本质，但会造成数量减少、质量降低甚至损坏。

2．货物发生物理性质变化的形式

货物发生物理变化的主要形式包括吸湿、挥发、热变等。

（1）吸湿。吸湿是指货物具有的吸附水蒸气或者水分的性质，是货物运输中发生质量变化的一个重要原因，对货运质量有较大的影响。货物的吸湿性会受到货物的化学成分和结构、货物蒸发水分的气压，以及空气的温湿度三个因素的影响。

货物含水量过多，超过其安全水分标准时，会出现潮解、融化、分解、发霉等变质现象；货物含水量过少时，则会致使货物损耗、发脆、开裂。因此，在货物储存中应注意对仓库温湿度的控制。

（2）挥发。挥发是指液体货物表面迅速汽化变成气体，进而散发至空间中的性质。此类货物有油、原油、酒精等。液体货物发生挥发现象，是由于液体货物表面的分子比其内部分子的运动更为活跃，表面蒸汽压力大于空气压力，所以能不断地挥发并扩散到空气中。一般地，温度高、物质沸点低、空气流动快、液面大、空气压力小，挥发的速度就快。某些固体物质也能直接升华，如硫黄、樟脑等。

液体货物的挥发会造成货物重量、质量损耗，包装内部气压过大会造成包装破裂或者爆炸。有些挥发出的气体可能具有毒性、腐蚀性、易燃性，从而引发危险事故。因此，货物的包装要坚固完好，封口严密，避免受到高温和外力作用。对于沸点低的液体货物，应选择低温季节运输或采用冷藏运输方式，作业前必须充分通风。

（3）热变。热变是低熔点货物在超过一定温度范围后引起形态变化的性质。热变与物质熔点、外部温度密切相关，一般来说，熔点低、温度高容易引起热变。

货物在热变后，虽然在成分上没有发生变化，但是在形态上发生了变化，如软化、变形、粘连、熔化等，以致造成货损、货垛倒塌及沾污其他货物，影响装卸作业。因此，对于低熔点的货物，如松香、橡胶、石蜡等，应选择在阴凉的场所装载，远离热源部位，如在炎热的季节采取防暑降温措施。

【知识强化】

请扫一扫活页中二维码"导学视频1-2：货物的性质"，进一步明确货物的性质及其表现。

三、货物的化学性质

1. 货物化学性质的定义

货物化学性质是指货物在光、氧、水、酸、碱等作用下，发生改变物质本身的化学变化的性质。货物的化学性质是由货物的组成成分决定的。货物在发生化学变化的过程中，其性质也发生了变化，改变了原有的物质，产生了新的物质与成分。货物发生化学变化后，会彻底改变货物的化学成分和使用价值，甚至会使使用价值完全丧失。如钢铁生锈、肥料失效以及黑火药爆炸等都属于化学变化。

2. 货物发生化学变化的形式

货物发生化学变化的形式主要有腐蚀、氧化、燃烧、爆炸等，如图1-7所示。

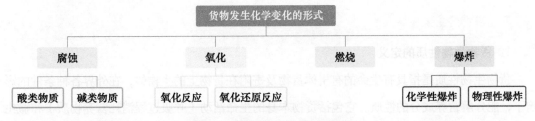

图1-7　货物发生化学变化的形式

（1）腐蚀。腐蚀是指某些货物具有的能对其他物质产生破坏作用的性质。酸性、碱性、氧化性和吸水性的货物，易引起腐蚀。

常见的腐蚀品主要是酸类、碱类物质。例如，钢铁和盐酸作用，能破坏钢铁制品；烧碱和油脂作用，能灼伤人的皮肤；浓硫酸能吸收植物水分，使之碳化变黑；漂白粉的氧化性，能破坏有机物等。

（2）氧化。氧化是指货物与空气中的氧或释放出氧的物质所发生的化学变化，又称氧化作用。氧易与物质发生氧化反应而使货物变质，甚至发生危险事故。易氧化的物质有很多，如金类、油脂类、自燃类物质。货物发生氧化反应，一方面会降低货物的质量，如橡胶的老化、茶叶的陈化、煤炭的劣化，以及棉织品在日晒条件下的褪色等；另一方面还会造成自热、自燃等危险事故。由于氧化产生的热量不易散发而被积聚起来，所以会发生自热、自燃现象。比如，发热量较大、燃点较低的黄磷、赛璐珞制品等，氧化后会释放出热量，其本身燃点较低，故易发生自燃事故；油纸、油布等油脂类制品含有不饱和脂肪酸，其氧化后发出热量，热量不易散发而导致温度上升，一旦达到燃点便会引起自燃。锈蚀是一种非常典型的氧化还原反应。金属货物发生锈蚀，一方面是因为金属本身性质不稳定，其成分存在着自由电子；另一方面是因水分子和氯化氢、二氧化硫等酸性有害物质对货物发生作用。锈蚀是金属货物的主要破坏形式。

（3）燃烧。燃烧是指物质相互化合而释放光和热的过程。一般是指物质与氧之间发生的剧烈化合反应，这种化学反应被称为燃烧反应。物质引起燃烧或继续维持燃烧，必须同时具备三个条件，即可燃物、助燃物（氧或氧化剂）、温度，三者缺一不可。气体燃料能直接燃烧并发出火焰；液体和固体燃料通常需先受热变成气体，才能燃烧而产生火焰。

（4）爆炸。爆炸是指物质非常迅速地发生化学或物理变化而形成压力急剧上升的一种现象。爆炸分为化学性爆炸和物理性爆炸。化学性爆炸是指物质受外因的作用，产生化学反应而发生的爆炸；物理性爆炸是指货物包装容器内部气压超过容器的承受强度而发生的爆炸，如氧气瓶的爆炸。

四、货物的生物性质

1. 货物生物性质的定义

货物生物性质是指具有生命的有机体货物及寄附在货物上的生物体，在外界各种条件的影响下，能分解营养成分的性质。它包括货物本身的生命活动（呼吸过程消耗营养物质）和微生物在有机营养内活动两个方面。比如，粮谷、豆类、油籽、果菜等通过缓慢氧化（吸收）维持生命；鲜鱼、肉类等会因为微生物的生命活动而导致营养物质被分解。

2. 货物发生生物性质变化的形式

货物发生生物性质变化的形式主要有酶作用、呼吸作用、微生物作用和虫害作用，如图1-8所示。

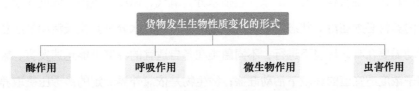

图1-8　货物发生生物性质变化的形式

（1）酶作用。酶又称酵素，是一类生物催化剂，一切生物体内物质分解与合成都要靠酶的催化来完成。酶是生物新陈代谢的内在基础，如粮谷的呼吸、后熟、发芽、发酵、陈化等都是酶的作用结果。

酶是一种特种蛋白质，其催化作用有专一性。酶的种类很多，大致分为氧化还原酶、水解酶、转移酶、裂解酶、异构酶和连接酶六大类。影响酶的催化作用因素有温度、pH酸碱度和水分等。因此在货物储存过程中，应严格控制仓库的温湿度。

（2）呼吸作用。呼吸作用是一种分解有机成分产生水分的生物化学反应。呼吸作用是有机体货物在生命活动过程中，为获取热能维持生命而进行的新陈代谢现象。呼吸作用是一切活的有机体货物都具有的最普通的生物现象，寄附在货物上的微生物、害虫等也具有此特性。

呼吸作用可分为有氧呼吸和无氧呼吸。有氧呼吸是有机体货物中的葡萄糖或脂肪、蛋白质等，在通风良好、氧气充足的条件下受氧化酶的催化，进行氧化反应，产生二氧化碳和水，并释放出热量；无氧呼吸是在无氧条件下，有机体货物利用分子内的氧进行呼吸作用。葡萄糖在各种酶的催化作用下，转化为酒精和二氧化碳，并释放出少量的热量。这种缺氧呼吸实质上是一种发酵作用。

影响呼吸强度的因素有：含水量、温度、氧的浓度等。旺盛的有氧呼吸会造成有机体营养成分大量消耗，并产生自热、散湿现象；而严重的缺氧，则会导致酒精积累过多，引起有机体内细胞中毒死亡。因此在货物运输过程中，应合理通风并尽量控制有关因素，使货物进行微弱的有氧呼吸。

（3）微生物作用。微生物是借助于显微镜才能看见其个体形态的小生物。微生物作用是微生物依据外界环境条件，吸取营养物质，经细胞内的生物化学变化，进行生长、发育、繁殖的生理活动过程。易受微生物作用的货物主要有肉类、鱼类、蛋类、乳制品、水果、蔬菜等。易造成货损的常见微生物主要有细菌、酵母菌和霉菌三大类。

微生物在货物上生长繁殖必备的条件包括水分、氧气、温度、氢离子浓度和渗透压。由于生物所摄取的养料必须在溶解状态下才能进入细胞体，因此水分是其生长活动的必备条件；大多数菌类活动需要在有氧环境下进行；不同菌类在各自适宜的温度下能迅速发育、繁殖；不同菌类在氢离子浓度适宜值的环境下活动旺盛；微生物是依靠外界一定的渗透压摄取养料的。此外，紫外线、射线、超声波、化学药剂、抗生素和植物杀菌素等，对微生物的生命活动也有致命的影响。

（4）虫害作用。害虫对有机体货物的危害性极大，害虫不仅会破坏货物组织结构，引起货物发热、霉变、结露；还会排泄代谢废物，污染货物外观，降低货物使用价值，甚至使货物使用价值完全丧失。如粮谷受到害虫侵袭后，会出现结露、陈化、发热和霉变等情况。易受虫害的货物主要有粮谷类、干果类、毛皮制品。

虫害作用与一般环境的温湿度、氧气浓度、货物的含水量密切相关，其中温湿度是最重要的。常见危害货物的仓库害虫有 40 多种。为防止虫害，应控制仓库的温湿度，并做好清洁卫生工作。

想一想：

请同学们思考一下，除了教材中列举的四种常见的基本性质，货物还有哪些性质呢？

【拓展阅读】

请扫一扫活页中二维码，阅读"助学案例 1-1：货物的自然特性或者固有缺陷造成货物损失的，承运人能否免责？"。

【知识强化】

请扫一扫活页中二维码"导学视频 1-3：思维导图的绘制"。

▶ **技能训练** ◀

技能训练 1-2：绘制货物性质思维导图

步骤 1：按照教师要求进行动态分组，每组选出组长和记录员。

步骤 2：小组讨论，选择思维导图绘制工具。

步骤 3：讨论总结，绘制货物性质的思维导图。

步骤 4：填写活页任务单。

步骤 5：各组选派 1 名代表交流汇报。

步骤 6：完成评价打分（见表 1-2）。

表 1-2 技能训练 1-2 评价表

技能训练	评价项目	分值	评价			合计（100%）
			本组自评（20%）	小组互评（30%）	教师评价（50%）	
1-2	货物性质总结梳理准确	40				
	能够小组头脑风暴研讨	20				
	能够清晰分享小组观点	20				
	思维导图美观	20				
小计						

学习单元三　货物的计量

✈ 学习导入

　　选择正确的货物计量方法，有利于准确完成点数和验收货物，更有利于快速估方和计算积配载，计算运费。在实习中，小空看到师傅和其他前辈同事都已具备了货物计量的经验和技术，他也想尽快能够独当一面。下面，就让我们陪伴小空一起熟悉货物的计量，了解货物计量的类别、方法以及相关知识和技能吧。

✈ 知识内容

一、货物计量概述

1. 货物计量的概念与意义

　　计量，是指为保证单位统一和量值准确可靠而进行的测量活动。货物计量是指以一定的度量衡单位来表示货物的数量，如货物的个数、重量、长度、面积、体积、容积等。

　　货物计量在物流中的意义如下：

　　（1）合理地进行积配载，充分利用运输工具的载重量和载货容积，做到满舱满载。

　　（2）合理地使用装卸设备和工具。

　　（3）合理地利用仓库（堆场）的面积和空间。

　　（4）正确计算运输费用。

2. 货物的计量单位

　　（1）度量衡制度。世界各国所采取的度量衡制度不同，因而同一计量单位所表示的货物的实际数量也不同。目前国际上常用的度量衡制度有四种，见表1-3。

表 1-3　度量衡制度及使用区域

度量衡制度的名称	使用国家或地区
公制（The Metric System）	为欧洲及世界大多数国家所采用
英制（The British System）	原为英联邦国家所采用，而英国因加入欧盟，在一体化进程中已宣布放弃英制，采用公制
美制（The U.S. System）	北美国家
国际单位制（The International System of Units）	我国及大部分国家

【小案例】

我国古代的度量衡

什么是"度量衡"？这一领先世界上千年的制度，对我国的影响很大。

司马迁如是说："（帝舜）东巡狩，至于岱宗……遂见东方君长……同律度量衡……"虽然，这些内容属于后人的追溯，却表明了我国使用度量衡的历史悠久。

我国度量衡制度具有悠久的历史。关于它的起源和标准，记载不一。度、量、衡就是指三个物理量：长度、容量和重量，这三个字从词语角度来看，既是名词，又是动词，与其他国家相比，我国的计量深深浸染了儒家礼乐文明的痕迹，与国家治理紧密联系在一起，具有鲜明的民族特色。

据史书称，黄帝设立了度、量、衡、里、亩五个量；舜召集四方君长把各部族的年月、四季、时辰、音律和度量衡协同起来；夏禹治水使用规矩准绳为测量工具，并以自己的身长和体重作为长度和重量的标准。这些传说在一定程度上反映了古代度量衡的萌芽情况。真正有信物可作佐证的是西周的青铜器铭文，记有"金十寽""丝三寽""金十匀"的文字。金即铜，"寽"和"匀"是计量的单位名称。这说明在金属货币出现以前或同时，已经有了计量重量的手段。

度量衡不仅是测量工具，它还反映了当时的科技水平和生产力状况，也是一个民族文化和社会制度的继承和发扬。中国古代的度量衡制度，是我国古代先进文明的象征。虽然，如今的科技发展日新月异，但是，先人们从自然规律中总结出来的度量衡技术，定会继续绽放它的光彩。

（2）计量单位。计量单位是指根据约定定义和采用的标量，任何其他同类量可与其比较，使两个量之比可以用一个数表示。

长度单位是丈量空间距离的基本单元，是人类为了规范长度而制定的基本单位。其国际单位是米（m），常用单位有毫米（mm）、厘米（cm）、分米（dm）、千米（km）、米（m）、微米（μm）、纳米（nm）等，长度单位在各个领域都有重要的作用。

物体所占的平面图形的大小，叫作面积。面积单位指测量物体表面大小的单位，从小到大的顺序主要有：平方毫米（mm²）、平方厘米（cm²）、平方分米（dm²）、平方米（m²）、公顷（hm²）、平方千米（km²）。在国际单位制（SI）中，标准单位面积为平方米（m²），面积为一米长的正方形面积。

体积是几何学专业术语，用于描述物件占有多少空间。体积的国际单位是立方米。计算物体的体积，一定要用体积单位，常用的体积单位有：立方米、立方分米、立方厘米等。计算容积一般用容积单位，如升和毫升，但有时候还与体积单位通用。在计算较大物体的容积时，通用的体积单位是"立方米"。升和毫升不能用于计算物体的体积，它只限于计算液体，如药水、汽油、墨水等。常用计量单位见表1-4。

表1-4　常用计量单位

计量单位种类	中文名称	英文名称	单位符号	适用范围
按个数计算	件	piece	pc	日用工业制成品及杂货类产品
	双	pair	—	
	套	set	—	
	袋	bag	—	
	包	bale	—	
	打	dozen	doz	
按重量计算	吨	ton	t	农副产品、矿产品以及部分工业制成品
	千克	kilogram	kg	
	克	gram	g	
	盎司	ounce	oz	
	磅	pound	lb	
按长度计算	米	meter	m	布匹、电线、电缆、绳索
	码	yard	yd	
	英尺	foot	ft	
	厘米	centimeter	cm	
	英寸	inch	in	
按面积计算	平方米	square meter	m^2	皮制品和部分装潢材料
	平方码	square yard	yd^2	
	平方英尺	square foot	ft^2	
	平方英寸	square inch	in^2	

（续）

计量单位种类	中文名称	英文名称	单位符号	适用范围
按体积计算	立方米	cubic meter	m^3	木材、砂石、化学气体等
	立方码	cubic yard	yd^3	
	立方英寸	cubic inch	in^3	
按容积计算	蒲式耳	bushel	bu	部分谷物、流体、气体等
	升	litre	l	
	加仑	gallon	gal	
	毫升	milliliter	ml	

二、货物数量的计量

货物数量计量的意义是为了快速、准确统计出货物的数量，以便科学地对货物实施入库、保管等工作。

在实际物流活动中，货物数量计量单位很多，主要可以分为三类：第一类，以在物流活动中货物包装最小体积数量为主要单位（如箱、个、袋）；第二类，以货物经济属性为代表的单位（如单、货主）；第三类，以集装单元为代表的单位（如 SKU、笼）。如图 1-9 所示。

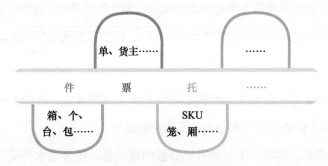

图 1-9　货物数量计量单位

货物数量计量常见方法（见表 1-5）。

表 1-5　货物数量计量常见方法

计量方法名称	具体内容	适用商品
逐件点数法	人工或简易计算器逐个计数	数量少；散装或非定量包装
集中堆码点数法	通过计算垛数/托盘数/集装单元计算	品种单一、包装大小一致
抽检法	抽取一定比例检验	批量大、同质程度高
重量换算法	用总重和单个重量换算	包装标准且重量一致

三、货物重量的计量

1．毛重

毛重（Gross Weight，G.W.）是货物本身重量连同包装的重量，按照毛重计算的重量又称为"以毛作净"（Gross for Net）。这种方法一般适用于包装本身不便分别计算或包装材料与货物本身价值差不多的情况，如一些价值较低的农副产品和初级产品。

2．净重

净重（Net Weight，N.W.）是指货物本身的重量。在实践中，一般通过用毛重扣除皮重的方法取得净重。

皮重（Tare Weight，T.W.）是指包装物的重量。计算皮重的方法有以下四种。

（1）实际皮重。将整批货物的包装逐一过磅，算出每件包装的重量和总重量。

（2）平均皮重。从全部货物中取出几件，称其包装的重量，然后除以抽取的件数，得出平均数，再乘以总件数，最后算出全部包装重量。

（3）习惯皮重。按照市场已公认的规格化的包装计算，即用标准单件皮重乘以总件数。

（4）约定皮重。按照买卖双方事先约定的皮重作为计算的基础。这种方法是最常用的计量重量的方法。在合同中没有明确规定重量计量方法时，则按照惯例以净重计算。

3．公量

公量（Conditioned Weight）指用科学方法抽去商品中的水分，再加上标准含水量所得的重量。这种方法适用于价值较高而水分含量不稳定的商品。

有些商品，如棉花、羊毛、生丝等有比较强的吸湿性，所含的水分受客观环境的影响较大，其重量也就很不稳定。为了准确计算这类商品的重量，国际上通常采用按公量计算，其计算方法是以商品的干净重（即烘去商品水分后的重量）加上国际公定回潮率与干净重的乘积，所得出的重量即为公量。

4．理论重量

理论重量（Theoretical Weight）是指根据每件货物重量推算出的总重量。这种计重方法适用于某些有固定规格的货物，其形状规则、密度均匀，每件的重量大致相同，如钢板、马口铁等。

四、货物体积的计量

1．货物丈量的原则

（1）按货件的最大方形体积进行满尺丈量，即

$$丈量体积 = 最大长度 × 最大宽度 × 最大高度$$

（2）对于特殊形状的货物需要酌情处理，或者采用分割丈量。

2．货物丈量的方法

对于不同包装的货物，采用不同的体积丈量方法，见表1-6。

表1-6　不同包装的货物丈量方法

货物种类	丈量方法
袋装货物	将同品种同规格的货物取12袋，码成三层高，每层二乘以二，中央突出部分略加摊平，进行满尺丈量，求得单袋的平均体积，计算出整票的总体积
捆包、箱装货物	将同品种同规格的货物取数件以单件为单位或将数件码成立方进行满尺丈量，求得单件的平均体积，计算出整票的总体积
托盘货物	取数件成组货物，连同托盘在内，逐件进行满尺丈量，求得单件的体积，计算出整票的总体积
桶装货物	将同品种同规格的桶装货物取单件进行满尺丈量，对上、下底直径大小不同的桶，或两头小、中间大的琵琶桶，应按其最大尺寸的直径计算。按体积公式，求得单件的体积，计算出整票的总体积
捆束货物	取少量捆束货物堆码成整齐的小垛，进行满尺丈量，求得单件的体积，计算出整票的总体积。对一头大、一头小的捆束货物，应交叉堆码成平整的小垛，满尺丈量
车辆	对同种车辆取一辆进行满尺丈量，求得单辆的体积，计算出整票的总体积
圆木	抽取不同长短、粗细的圆木，逐根进行满尺丈量，先求得各类每根平均直径（即根头直径加梢头直径的1/2），再按直径乘以长度的公式，求得各类每根的平均体积，然后计算出总的平均体积，最后计算出整票的总体积。对长度比较一致、堆垛较为整齐的圆木，可按堆进行满尺丈量
特殊形状货物	这类货物必须根据装载条件及实际占用舱位的情况，采取酌情减量、免量或分量的方法，求得货物的体积

【拓展阅读】

请扫一扫活页中二维码，阅读"助学案例1-2：身边的计量——定量包装商品计量小知识"。

▪ 技能训练 ▪

技能训练 1-3：数量计量方法应用

步骤 1：按照教师要求进行动态分组，每组选出出题人和记录员。

步骤 2：各小组分别上网查找适合不同计量方法的货物图片。

步骤 3：每个小组依次由出题人轮流发题（发照片）。

步骤 4：发题小组发题并发布口令后，其他小组开始竞答。

步骤 5：最先抢得竞答权并答对的小组得 3 分，答错得 -1 分。

步骤 6：依次完成多轮。

步骤 7：完成评价打分（见表 1-7）。

表 1-7　技能训练 1-3 评价表

技能训练	评价项目	分值	评价			合计（100%）
			本组自评（20%）	小组互评（30%）	教师评价（50%）	
1-3	计分结果	60				
	发题照片与结果的合理性	20				
	小组成员参与度	20				
小计						

·巩固练习·

一、单项选择题

1. 下列属于生物变化的是（　　　）。

   A. 吸湿　　　　　　B. 结块　　　　　　C. 霉变　　　　　　D. 渗透

2. 大宗农副产品、矿产品以及一部分工业制成品习惯的计量方法是（　　　）。

   A. 按面积计算　　　　　　　　　　B. 按长度计算

   C. 按重量计算　　　　　　　　　　D. 按容积计算

3. 下列属于化学变化的是（　　　）。

   A. 微生物作用　　　B. 燃烧　　　　　　C. 挥发　　　　　　D. 变形

4. 木材、天然气和化学气体习惯的计量方法是（　　　）。

   A. 按体积计算　　　B. 按面积计算　　　C. 按重量计算　　　D. 按个数计算

5. 青岛运往南京的一车瓶装青岛啤酒在运输中车辆发生侧翻导致货损，这种现象对应的货物性质和表现形式是（　　　）。

   A. 物理　破碎　　　B. 机械　破碎　　　C. 化学　渗漏　　　D. 生物　挥发

二、多项选择题

1. 以下属于货物分析研究对象的是（　　　）。

   A. 货物的性质　　　B. 货物的检验　　　C. 货物的包装　　　D. 货物的养护

2. 研究货物分析对物流活动产生的积极意义包括（　　　）。

   A. 减少货损货差　　　　　　　　　B. 降低物流成本

   C. 提高物流效率　　　　　　　　　D. 杜绝物流事故

3. 厢式车内堆码的货物可能会受到的机械作用力类型是（　　　）。

   A. 堆码压力　　　B. 震动冲击　　　　C. 翻倒冲击　　　D. 跌落冲击

4. 根据货物的特性，配装时必须远离热源的货物是（　　　）。

   A. 石蜡　　　　　B. 铸铁轴承　　　　C. 松香　　　　　D. 茶叶

5. 生物性质所引发的货物变化包括（　　　）。

   A. 车辆侧翻导致西瓜破碎　　　　　B. 潮湿地库里的土豆发芽

   C. 温暖的仓库里鲜花盛开　　　　　D. 密封袋里保鲜的水果

三、简答题

1. 简述产品、商品、货物的主要区别。

2. 简述货物的基本性质。

3. 简述货物物理性质变化引发的现象都有哪些。

4. 简述货物数量计量的常用方法及适用对象。

5. 简述物理变化可能会对货物产生哪些危害，以及如何预防这些危害的发生。

四、论述题

学习了我国古代的度量衡制度，你对货物计量有哪些思考？

五、案例分析题

一辆由山东开往上海的槽罐车与一辆迎面驶来的大货车在京沪高速淮安路段相撞；槽罐车上满载的约 32 吨液态氯气快速泄漏，导致 1 万多人被疏散，300 多人中毒，28 人死亡，经济损失 2 900 万元。调查认定，肇事的重型罐式半挂车超载严重，超载幅度达 169.6%。更为严重的是，该车使用报废轮胎，安全机件也不符合技术标准。在行驶的过程中，左前轮爆胎与货车相撞，槽罐车侧翻，致使液氯泄漏。肇事车驾驶员、押运员在事故发生后逃离现场，失去最佳救援时机，直接导致事故后果的扩大。

阅读以上案例，请思考

问题 1：该事故最主要的危害是由货物的什么性质引发的？

问题 2：掌握货物的性质对做好货物储运有什么意义？

扫\码\看\答\案

请扫描项目一活页部分，观看巩固练习参考答案。

学习项目二　货物的分类与编码

学习目标

知识目标

了解货物分类、货物（商品）目录的概念；

熟悉线分类法与面分类法的特点；

熟悉货物的分类；

掌握货物（商品）编码方法。

能力目标

能够应用线分类方法查找货物；

能够辨识 EAN-13 码。

素养目标

培养职业认同感，激发对物流编码知识的学习热情；

通过了解古代编码故事，激发文化自信；

培养协调沟通与交流合作的意识和能力。

知识图谱

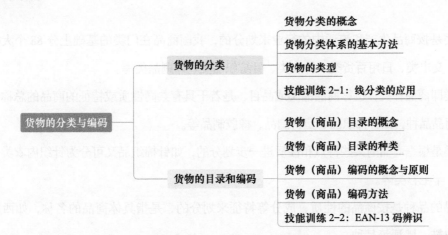

学习单元一　货物的分类

学习导入

对货物进行科学的分类，可以使货物的仓储和运输条件适应货物，保证货物运输安全和提高运输效率；对商品进行科学的分类，有助于国民经济各部门有效实施各项管理；对生产物料进行科学的分类，有助于更准确地配料、上料。在本单元，我们将陪伴小空一起认识货物的分类，掌握货物分类方法，并熟悉常见物流货物的分类。

知识内容

一、货物分类的概念

任何集合总体都可以按一定的标志特征，逐次归纳成若干范围更小、特征更趋一致的部分，直至划分成最小的单位集合体。这种将集合总体科学地、系统地逐次划分的过程，称为分类或归类。

货物分类是指为了一定的目的或满足某种需要，根据货物的属性或特征，选择适当的分类标志将货物划分为不同类别并形成系统的过程。我国通常将货物（商品）划分成门类、大类、中类、小类、品类或品目以及品种、花色、规格等。

门类是按国民经济行业的共性对商品进行的总体分类，属最高类别，我国商品分 23 个门类。

大类是按商品生产和流通中的行业来划分的，我国商品在门类的基础上分 88 个大类，如五金类、交电类、日用百货类、钟表类、针纺织品类、印刷品类等。

中类即商品种类，也称商品类或品目，是若干具有共同性质或特征的商品的总称，它包括若干商品品种，如针棉织品、塑料制品、橡胶制品等。

小类是根据商品的某些特点和性质进一步划分的，如针棉织品又可分为针织内衣类、针织外衣类、羊毛衫类等。

商品的品种是按商品的性质、成分等特征来划分的，是指具体商品的名称，如西服、洗衣机、皮鞋、啤酒等品种。

商品的细目是对商品品种的详细区分，包括商品的花色、规格、品级等，如24号女式高跟皮鞋、53°飞天牌茅台酒等。

二、货物分类体系的基本方法

1. 线分类法

线分类法又称层级分类法，是将拟分类的商品集合总体，按选定的属性或特征逐次地分成相应的若干个层级类目，并编制成一个有层级的、逐级展开的分类体系。线分类体系按大类、中类、小类等级别逐层展开。各层级所选用的标志不同，各个类目之间构成并列或隶属关系。由一个类目直接划分出来的下一级各类目之间存在并列关系，不重复、不交叉。

选用线分类法应遵循的基本原则：

（1）在线分类法中，某一上位类类目划分出的下位类类目的总范围应与上位类类目范围相同。

（2）当上一个上位类类目划分成若干个下位类类目时，应选择一个划分标志。

（3）同位类类目之间不交叉、不重复，并只对应一个上位类。

（4）分类要依次进行，不应有空层或加层。

线分类法是一种传统的分类方法，广泛应用于商品生产、流通领域和国际贸易中。线分类法的优点是层次性好，能清楚地反映类目之间的逻辑关系，既适于传统的手工处理，又便于计算机信息控制和管理。但它的不足之处是分类结构弹性差。线分类法应用实例见表2-1。

表2-1 线分类法应用实例

商品类目名称	应用实例
商品门类	化工产品
商品大类	日用工业品
商品中类	家用化学品
商品小类	洗涤用品
商品品类	肥皂
商品品种	香皂
商品细目	薰衣草味香皂

2. 面分类法

面分类法又称平行分类法，它将拟分类的商品集合总体，根据其本身的属性或特征，分成相互之间没有隶属关系的面，每个面都包含一组类目。将每个面中的一种类目与另一个面中的一种类目组合在一起，即组成一个复合类目。

选用面分类法应遵循的基本原则：

（1）根据需要，选择分类对象的本质属性作为分类对象的标志。

（2）不同类面类目之间不能相互交叉，也不能重复出现。

（3）每个面有严格的固定位置。

（4）面的选择及位置的确定应根据实际需要而定。

用面分类法形成的分类体系具有结构弹性好、适用于计算机处理等优点，缺点是组配结构太复杂，不能充分利用容量，也不便于手工处理。在实际运用中，一般把面分类法作为线分类法的补充。

我国编制国家标准《全国主要产品分类与代码　第 1 部分：可运输产品》（GB/T 7635.1—2002）时，采用的是线分类法和面分类法相结合，以线分类法为主的综合分类法。

三、货物的类型

【知识强化】

请扫一扫活页中二维码"导学视频 2-1：货物的分类"，进一步了解货物的类型。

1．按货物的运输、装卸要求分类

按货物运输、装卸要求的不同，可以将货物分为普通货物和特殊货物两类。

（1）普通货物。普通货物是指在运输、装卸、保管中对车辆结构和运输组织无特殊要求的货物。普通货物分为三等：一等普通货物主要是砂、石、渣、土等；二等普通货物主要是日用百货；三等普通货物主要是蔬菜、农产品、水产品等。普通货物在运输、装卸、保管过程中，除一等普通货物要注意防止扬撒外，其他无特殊要求。

（2）特殊货物。特殊货物是指货物在性质、体积、重量和价值等方面具有特别之处，在积载、运输、装卸、保管中需要使用特殊设备和采取特殊措施的各类货物。特殊货物主要包括以下几种类型的货物：

1）危险货物。危险货物是指具有燃烧、爆炸、腐蚀、毒害和放射性等性质，在运输过程中能引起人身伤亡、财产毁损的货物，如黄磷、硝酸、氰化钠等。

2）贵重货物。贵重货物是指本身价值很高的货物，如金银、珠宝、玉器首饰、历史文物、高级仪器和电器等。

3）重大件货物。重大件货物指的是那些单件过重以致不能使用一般的起货设备进行装卸，或单件尺度过长、过高或过宽以致在装载方面受到一定限制的货物，如钢轨、机车、高压容器等。

4）冷藏易腐货物。冷藏易腐货物是指在常温下运输和保管极易发生腐败变质的货物，可以分为动物性食品和植物性食品两类。动物性食品有肉及肉制品、鱼及鱼制品、蛋及蛋制品、奶及奶制品等，植物性食品有蔬菜、水果等。

5）鲜活动植物货物。鲜活动植物货物又称活货，是指在运输过程中需要持续照料，以维持其生命特征和新陈代谢活动的动植物货物，如家禽、牲畜、树苗、花卉等。

2．按照货物的运输方式分类

根据货物运输方式的不同，可将货物分为以下几类。

（1）整车运输货物。在整车货物运输中，货物通常是由卡车、货车或集装箱装载运输的。整车货物是指托运人托运的一批货物，其重量、体积或形状要求必须以整车的方式进行运输。

我国《铁路货物运输规程》规定，下列货物一般按整车货物办理运输：

1）需要冷藏、保温或加温运输的货物。

2）规定限按整车办理的危险货物。

3）易于污染其他货物的污秽品（如未经过消毒处理或未使用密封包装的牲骨、湿毛皮、粪便、炭黑等）。

4）蜜蜂。

5）不易计算件数的货物。

6）未装容器的活动物（铁路局规定在管内可按零担运输的除外）。

7）一件货物重量超过 2t，体积超过 $3m^3$ 或长度超过 9m 的货物（经发站确认不致影响中转站和到站装卸车作业的除外）。

（2）零担运输货物。零担运输货物是指当一批货物的重量或容积不够装一车（不够整车运输条件）时，与其他几批甚至上百批货物共享一辆货车的运输方式。这种运输方式通常适用于一次托运的货物计费重量在 3t 及 3t 以下的情形。零担货运具有灵活机动、方便简洁的特点，适合数量小、品种杂、批量多的货物。

为了加速零担货物的运送并合理使用车辆，铁路运输部门会根据零担货物的流向、流量、运距长短、集结时间和车站作业能力等因素来组织运输。零担货物的运输方式可分为整装零担车（简称整零车）和沿途零担车（简称沿零车）。

1）整零车。

① 直达整零车。此类车辆所装的货物不经过中转站中转，可以直接运到目的地。全车所装的货物到达一个站点的，称为一站直达整零车；全车所装的货物到达两个站点的，称为两站直达整零车。

② 中转整零车。此类车辆所装的货物为同一去向，但到站分散。在组织中转整零车时，应尽可能将货物装运到距离货物目的地最近的中转站，以减少中转次数。

2）沿零车。沿零车在指定区段内运行，装运该区段内各站发出的零担货物。沿零车又分为直通沿零车和区段沿零车。

① 直通沿零车。这种车辆通过几个沿零区段，途中不进行货物的中转（换装）作业，但需要在途中经过几次列车改编。它通常用于长距离的零担货物运输。

② 区段沿零车。这种车辆在两个技术站之间运行，负责短距离的零担货物运输。

（3）集装货物。集装是将许多单件物品，通过一定的技术措施组合成尺寸规格相同、重量相近的大型标准化的组合体，这种大型的组合状态称为集装。

从包装角度来看，集装是一种按一定单元将杂散物品组合包装的形态，属于大型包装的范畴。在多种类型的产品中，小件杂散货物很难像机床、构件等产品进行单件处理，由于其杂、散，且个体体积和重量都不大，因此需要进行一定程度的组合，才能有利于销售、物流和使用。

集装货物常见的形式包括集装箱、托盘、集装袋、集装货捆，如图2-1所示。

1）集装箱。集装箱是指具有一定强度、刚度和规格，专供周转使用的大型装货容器。使用集装箱转运货物，可直接在发货人的仓库装货，运到收货人的仓库卸货，中途更换车、船时，无须将货物从箱内取出换装。

2）托盘。托盘是指一种便于装卸、运输和保管的垫板，由可以盛载单位数量物品的负荷面和铲车插口构成。

3）集装袋。集装袋是一种柔软、可曲折的包装容器，是由可折叠的涂胶布、树脂加工布及其他软性材料制成的大容积的运输袋。

4）集装货捆。集装货捆是采用各种材料的绳索，将货物进行多种形式的捆扎，使若干件单件货物汇集成一个作业单元。

图 2-1 集装货物示意图

3. 按照货物的积载位置分类

根据货物在水路运输中积载位置的不同，可将货物分为以下几类（见表 2-2）。

表 2-2 货物按积载位置分类

货物类别	说明	举例
舱内货物	是指装入船舱内进行运输的货物	茶叶、食糖、棉布等
舱底货物	又称压载货物，是指装在船舱底进行运输的货物，一般是比重较大或有污染性且不怕压的货物	钢材、矿石等
衬垫货物	是指耐压、可以用作衬垫的货物	轮胎、板条、旧麻袋等
填空货物	是指体积小、不怕挤压，可用作填补舱内空隙的货物	藤、成捆木材、耐火砖等
舱面货物	是指装载在舱面的货物，具有不怕湿、不怕晒、不怕冻等特性	原木，汽车、有生植物等
深舱货物	是指装入船舶吃水最深的舱内进行运输的货物，一般为液体货物、扬尘货物	食用油、水泥等
房间货物	是指装入保险房或其他小舱室内（邮件房、行李房等）进行运输的货物	金银、玉器、邮件等
冷藏舱货物	是指装入冷藏舱（箱）内进行运输的货物	冻肉、鱼等
非一般货舱货物	是指装入杂货船的油柜、水柜及过道、穿堂等非舱室场所的货物，用冷藏舱装运的非冷藏货物	

4. 按照货物的自然特性分类

根据货物自然特性的不同，可将货物分为怕湿性货物、散湿性货物、自热性货物、怕热性货物、怕冷性货物、冻结性货物、危险性货物、扬尘性货物、染尘性货物、互抵性货物、锈蚀性货物、易碎性货物、吸味性货物、异味性货物、易渗漏货物等。

（1）怕湿性货物。有些货物能自然吸收空气中的水分，从而引起货物质量发生变化，如食糖、食盐、化肥、粮谷、水泥等，这类货物在运输中要保持货舱干燥，并能良好防雨，必要时做好通风、换气。

（2）散湿性货物。有些货物能够散发水分，特别是货物受到震动后，颗粒间的孔隙减小，致使货物中游离的自由水增多。

（3）自热性货物。有的货物由于生化作用而产生热量，温度逐渐升高，如煤炭、谷物等。这类货物在航行中要注意货舱温度，做好凉舱、散热工作。

（4）怕热性货物。怕热性货物是指在受热时会发生质量变化的货物，如石蜡、橡胶受热会熔化，肉类、鱼类、乳制品受热会变质，在运输时需要使用冷藏设备等。

（5）怕冷性货物。怕冷性货物是指在温度较低时，容易发生质量变化的货物，如墨汁、液体西药受冻后会沉淀影响质量，一些蔬菜在受冻后会失去食用价值等。

（6）冻结性货物。冻结性货物是指在低温条件下，易于冻结成整块的货物，如煤炭、食盐、食用油在低温时易冻结成块，给装卸搬运带来困难。

（7）危险性货物。即危险货物，对危险性货物要按照危险品装载规定装载和运输。

（8）扬尘性货物。扬尘性货物是指极易飞扬尘埃的货物，如矿粉、石灰、染料等。

（9）染尘性货物。有的货物具有黏附性能，能吸收周围环境中的灰尘，如运输中不注意，会降低其质量。此类货物运输时应注意舱内清洁，盖好舱盖，防止混入杂质。

（10）互抵性货物。一种货物对另一种货物能产生不良影响或相互损害，这种性质称为互抵性，如水泥和糖，香皂和茶叶等。互抵性货物不能同装一舱或同库存放。

（11）锈蚀性货物。有些金属货物能被氧化而锈蚀，运输中要防止受潮，不要与酸、碱、盐或潮湿货物堆放在一起。

（12）易碎性货物。易碎性货物是指机械强度低，质脆易破的货物，如玻璃及其制品、陶瓷器、玉器和精密仪器等。

（13）吸味性货物。吸味性货物是指容易吸附外界异味的货物，如茶叶、烟叶、食糖等。

（14）异味性货物。异味性货物是指散发强烈刺激性气味的货物，如生皮、氨水、油漆等。这些货物会对人体造成不良影响，或者污染其他货物。

（15）易渗漏货物。易渗漏货物主要指液体货物和气体货物，如食用油、酒类、蜂蜜、天然气等。

【拓展阅读】

请扫一扫活页中二维码"助学案例 2-1：货物分类解析大全"，进一步了解货物的类型。

■ 技能训练 ■

技能训练 2-1：线分类的应用

步骤 1：按照教师要求进行动态分组，每组选出组长和记录员。

步骤 2：请研讨按照线分类法在电商平台逐级查找手机（HUAWEI Pura 70 Ultra）的步骤。

步骤 3：将逐级查找的过程截图。

步骤 4：按照查找顺序将截图上传到作业平台（若采用多种方法，请分别截图上传）

步骤 5：完成评价打分（见表 2-3）。

表 2-3 技能训练 2-1 评价表

技能训练	评价项目	分值	评价			合计（100%）
			本组自评（20%）	小组互评（30%）	教师评价（50%）	
2-1	能够小组头脑风暴研讨	20				
	能够正确按线分类查找	30				
	截图、标记清晰	30				
	能够清晰分享小组观点	20				
	小计					

学习导入

最近的工作中，小空注意到仓库里的商品条码与货架上的储位编码是基于完全不同的编码规则编制设计的，他很想了解关于货物编码的知识与技能。在本单元，我们将陪伴小空一起认识货物（商品）的目录和编码，掌握货物编码方法，熟练辨识 EAN-13 码、UPC 码。

知识内容

一、货物（商品）目录的概念

货物（商品）目录又称货物（商品）分类目录，是指国家或有关部门根据商品分类系统，对所经营管理货物编制的总明细分类集（商品总明细目录）。它是在货物逐级分类的基础上，用表格、符号、文字全面记录货物分类系统和排列顺序的书本式工具。

货物目录（商品）是货物分类的具体表现，是货物分类工作的有机组成部分。只有根据货物的科学分类编制的货物（商品）目录，才能使各类货物脉络清楚，有利于货物经营管理的科学化与现代化。

各类货物的生产、经营、管理单位都有自己的货物（商品）目录。货物（商品）目录也是企业间进行货物交换的重要手段。同时，为了充分发挥货物（商品）目录在商品流通中的作用，还应随着货物生产的发展和商品经营的变化适时地对货物（商品）目录进行修订。

二、货物（商品）目录的种类

1．国际商品目录

国际商品目录是指由国际上有权威的各国际组织或地区性集团编制的商品目录。如联合国编制的《国际贸易标准分类》等。

2．国家商品目录

国家商品目录是指由国家指定的专门机构编制，在国民经济各部门、各地区进行计划、统计、财务、税收、物价、核算等工作时必须一致遵守的全国性统一商品目录。如由国务院批准国家质量监督检验检疫总局发布的《全国主要产品分类与代码》等。

3．部门商品目录

部门商品目录是指由行业主管部门即国务院直属各部委或局根据本部门业务工作需要所编制并发布的仅在本部门、本行业统一使用的商品目录。如国家统计局编制发布的《综合统计商品目录》《统计用产品分类目录》等。部门商品目录的编制原则应与国家商品目录保持一致。

4．企业商品目录

企业商品目录是指由企业在兼顾国家和部门商品目录分类原则的基础上，为充分满足本企业工作需要，而对本企业生产或经营的商品所编制的商品目录。企业商品目录的编制必须符合国家和部门商品目录的分类原则，并在此基础上结合本企业的业务需要，进行适当的归并、细分和补充。

三、货物（商品）编码的概念与原则

1．货物（商品）编码的概念

商品编码也称商品代码，是赋予某种商品的代表符号。这种为各类商品规定统一符号系列的过程，称为"商品编码化"。其符号可以由数字、字母和特殊标记组成。从一定意义上说，商品编码化是科学分类的一种手段。使用商品编码，可以使多种多样、品名繁多的货物便于记忆；可以简化手续，提高工作效率和可靠性；利于管理，促进销售；同时，它也有利于统计、计划、管理等业务工作的进行，并能为信息化和电子技术的运用做准备，进而促进统一的商品分类代码系统的建立。

2．货物（商品）编码的原则

（1）唯一性。唯一性是指商品项目与其标识代码一一对应，即一个商品项目只有一个代码，一个代码只标识一个特定的商品项目。商品项目代码一旦确定，永不改变，即使该商品停止生产、停止供应了，在一段时间内（有些国家规定为 3 年）也不得将该代码分配给其他商品项目。

（2）稳定性。商品标识代码一旦分配，若商品的基本特征没有发生变化，就应保持不变。同一商品无论是长期连续生产还是间断式生产，都必须采用相同的商品代码。

（3）无含义性。无含义性原则是指商品代码中的每一位数字不表示任何与商品有关的特定信息。有含义的代码通常会导致编码容量的损失。企业在编制商品条码时，最好使用无含义的流水号。企业应及时在编码中心的商品信息服务平台上报产品信息，便于企业对商品条码号进行科学管理。

（4）可扩充性。编码时，应预留足够的备用代码，以满足新产品出现时扩充代码的需要。另外，商品编码时还需注意简明性、规范性、层次性等原则。

【知识强化】

请扫一扫活页中二维码"导学视频2-2：货物（商品）的编码"，进一步了解编码。

四、货物（商品）编码方法

1. 数字型代码

（1）层次编码法。层次编码法是按商品类目在分类体系中的层级顺序，依次赋予对应数字代码的编码方法。层次编码法主要用于线分类体系。符号"X"表示从左至右的代码，第一位表示第一层级的类目，第二位代表第二层级的类目，依此类推。因此，代码的结构清晰地反映分类层级间的逻辑关系。有的代码由第一、二位代表第一层级，第三、四位代表第二层级，余者依此类推。

（2）平行编码法。平行编码法也称特征组合编码法，是指将编码对象按其属性或特征分为若干个面，每一个面内的编码对象按其规律分别确定一定位数的数字代码的方法。在这种方法中，面与面之间的代码没有层次关系或者隶属关系，最后根据需要选用各个面中的代码，并按预先确定的面的排列顺序组合成复合代码。平行编码法多应用于面分类法。

（3）混合编码法。混合编码法是层次编码法和平行编码法的结合。即把分类对象的各种属性或特征分裂出来后，将其中某些属性或者特征用层次编码法表示，其余的属性或者特征用平行编码法表示。该方法应用时吸取了两种方式的优点，更容易使用。

2. 货物（商品）条码

条码，又称条形码，是将宽度不等的多个黑条和空白，按照一定的编码规则排列，用以表达一组信息的图形标识符。常见的条码是由反射率相差很大的黑条（简称条）和白条（简称空）排成的平行线图案。

（1）EAN-13码。

1）含义。EAN-13码又称标准码，由条、空及其下面对应的13位阿拉伯数字构成。EAN-13码由前缀码、厂商识别代码、商品项目代码和校验码组成，如图2-2所示。

图 2-2　EAN-13 码结构示意图

2）构成。

左侧空白区：位于条码符号最左侧与空的反射率相同的区域，其最小宽度为 11 个模块宽。

起始符：位于条码符号左侧空白区的右侧，表示信息开始的特殊符号，由 3 个模块组成。

左侧数据符：位于起始符右侧，表示 6 位数字信息的一组条码字符，由 42 个模块组成。

中间分隔符：位于左侧数据符的右侧，是平分条码字符的特殊符号，由 5 个模块组成。

右侧数据符：位于中间分隔符右侧，表示 5 位数字信息的一组条码字符，由 35 个模块组成。

校验符：位于右侧数据符的右侧，表示校验码的条码字符，由 7 个模块组成。

终止符：位于条码符号校验符的右侧，表示信息结束的特殊符号，由 3 个模块组成。

右侧空白区：位于条码符号最右侧与空的反射率相同的区域，其最小宽度为 7 个模块宽。为保护右侧空白区的宽度，可在条码符号右下角加 ">" 符号。

EAN-13 码构成如图 2-3 所示。

图 2-3　EAN-13 码构成

供人识读字符：位于条码符号的下方，是与条码字符相对应的供人识别的 13 位数字，最左边一位称前置码。供人识别字符优先选用 OCR-B 字符集，字符顶部和条码底部的最小距离为 0.5 个模块宽。标准版商品条码中的前置码印制在条码符号起始符的左侧。

我国可用的国家代码范围是 690 ～ 699，生活中最常见的国家代码范围是 690 ～ 693，其中以 690、691 开头时，厂商识别码为四位，商品项目代码为五位；以 692、693 开头时，厂商识别码是五位，商品项目代码是四位。

3）应用。EAN 码（European Article Number）是国际物品编码协会制定的一种商品用条码，通用于全世界。EAN 码符号有标准版（EAN-13）和缩短版（EAN-8）两种。标准版表示 13 位数字，又称为 EAN13 码，缩短版表示 8 位数字，又称 EAN8。两种条码的最后一位为校验位，由前面的 12 位或 7 位数字计算得出。

在通常情况下，用户应尽量选用 EAN 码，尤其是选用 EAN-13 码。但在以下几种情况下，可采用 EAN-8 码。

① EAN-13 码的印刷面积超过印刷标签最大面面积的 1/4 或全部可印刷面积的 1/8 时。

② 印刷标签的最大面面积小于 $40cm^2$ 或全部可印刷面积小于 $80cm^2$ 时。

③ 产品本身是直径小于 3cm 的圆柱体。

（2）UPC 码。UPC 码是用来表示 UCC-12 商品标识代码的条码符号，是由美国统一代码委员会（UCC）制定的一种条码码制，主要用于美国和加拿大地区。

UPC 码格式和应用领域见表 2-4。

表 2-4　UPC 码格式和应用领域

版本	使用对象	格式
UPC-A	通用商品	S X X X X X　X X X X X C
UPC-B	药品卫生用户	S X X X X X　X X X X X C
UPC-C	产业部门	X S X X X X X　X X X X X C X
UPC-D	仓库批发	S X X X X X　X X X X X C X X
UPC-E	商品短码	X X X X X X

注：S——系统码，X——资料码，C——检查码。

（3）ITF-14 码。ITF 码，又称交叉二五码，主要用于运输包装。ITF 码是有别于 EAN 码、UPC 码的另一种形式的条码。商品运输包装上使用的主要是 14 位数字字符代表组成的 ITF-14 码。

ITF 码是一种连续型、定长、具有自校验功能，并且条、空都表示信息的双向条码。ITF-14 码的条码字符集、条码字符的组成与交叉二五码相同。它由矩形保护框、左侧空白区、条码字符、右侧空白区组成。

（4）DUN-14 码。DUN-14 码不是真正意义上的条码类型，而是一个集装箱编号系统。该系统采用 ITF-14 或 EAN-14 条码类型进行编码，因为当前许多设施经常使用 EAN-14（EAN-128）来编码 DUN-14，所以用条码生成器制作 DUN-14 码时，条码类型选择 EAN-14 或 ITF-14，制作的条码即 DUN-14 码。

【小案例】

"中国古代密码"视角下的货物编码探索

1. 千字文

《千字文》开篇即言："天地玄黄、宇宙洪荒"。试想一家客栈，其房间编号借用了《千字文》中的字句，如"天"字号房、"地"字号房、"玄"字号房……依此类推。《千字文》一共一千个不同的汉字（实际有一个字重复，所以是 999 个），可用于编码。

2. 天干地支

天干地支简称"干支"，取义于树木的干和枝。

天干有十：甲、乙、丙、丁、戊、己、庚、辛、壬、癸。

地支十二：子、丑、寅、卯、辰、巳、午、未、申、酉、戌、亥。

天干地支组合成六十个计时序号，用于记录时间，包括年、月、日和时辰，又叫"干支纪年法"。

3. 军事密码

北宋时期的《武经总要》记录了我国最早的军事密码本。在军队发兵前，将战场上经常出现的 40 种战斗情况编成序号，例如：1 代表请弓、2 代表请箭、3 代表请刀、4 代表请甲、5 代表请枪旗、6 代表请锅幕、7 代表请马、8 代表请衣赐、9 代表请粮料、10 代表请草料……

指挥部门与战斗部门约定一首没有重复文字的五言律诗，并将其中的每一个字和这 40 种情况一一对应，对应顺序随机排列且前线负责战斗的将领会将对应关系烂熟于心。在战斗过程中，只需几个字就能传递大量的信息。这种加密方法，敌人是非常难破译的，五言律诗在其中起到的是密钥的作用。

同学们，你还能找到哪些中国古代编码呢？

【拓展阅读】

请扫一扫活页中二维码，阅读"助学案例 2-2：划重点，超全面的物料编码原则！"。

■ 技能训练 ■

技能训练 2-2：EAN-13 码辨识

步骤 1：按照教师要求进行动态分组，每组选出组长和记录员。

步骤 2：根据教师给定的 10 组编码，准确挑出 EAN-13 码。

步骤 3：小组研讨归纳 EAN-13 码编码规则要点。

步骤 4：根据研讨结果填写任务单。

步骤 5：完成评价打分（见表 2-5）。

表 2-5　技能训练 2-2 评价表

技能训练	评价项目	分值	评价			合计（100%）
			本组自评（20%）	小组互评（30%）	教师评价（50%）	
2-2	能够小组头脑风暴研讨	20				
	能够正确挑出编码图片	30				
	归纳要点科学易记	30				
	能够清晰分享小组观点	20				
小计						

· 巩固练习 ·

一、单项选择题

1. 拟分类的商品集合总体，按选定的属性或特征逐次地分成相应的若干个层级类目，并编制成一个有层级的、逐级展开的分类体系。这种分类体系是（   ）。

    A. 线分类   B. 面分类   C. 混合分类   D. 平行分类

2. 钻石珠宝在海运中通常被视作（   ）。

    A. 舱底货物   B. 舱面货物   C. 舱内货物   D. 房间货物

3. 茶叶在海运中通常被视作（   ）。

    A. 舱底货物   B. 舱面货物   C. 舱内货物   D. 房间货物

4. 将货物划分为普通货物和特殊货物，其分类标准是（   ）。

    A. 按货物运输、装卸要求分类   B. 按货物自然特性分类

    C. 按装载位置分类   D. 按运输方式分类

5. 以下关于 EAN-13 码的校验码位置和个数说法正确的是（   ）。

    A. 最前端 1 位数   B. 最后端 1 位数

    C. 中间 2 位数   D. 最后端 2 位数

二、多项选择题

1. 数字型代码的编制方法包括（   ）。

    A. EAN-13 码   B. 层次编码法

    C. 平行编码法   D. 混合编码法

2. 按铁路运输规定，视为整车运输货物的是（   ）。

    A. 易于污染其他货物的污秽品   B. 所有危险货物

    C. 不易计算件数的货物   D. 蜜蜂

3. 在海运积载中，适合做船舶衬垫货物的包括（   ）。

    A. 水泥   B. 轮胎   C. 板条   D. 旧麻袋

4. 集装货物的集装单元形式可以是（   ）。

    A. 集装箱   B. 集装袋   C. 托盘   D. 集装货捆

5. 商品编码原则通常包括（　　　　）。

    A. 唯一性　　　　　B. 稳定性　　　　　C. 无含义性　　　　　D. 可扩充性

三、简答题

1. 简述货物分类的概念与内涵。

2. 简述线分类法与面分类法的区别。

3. 简述按照运输方式进行分类的货物类别。

4. 简述货物（商品）编码方法。

5. 简述 EAN-13 码与 UPC 码的特点与应用。

四、论述题

学习了我国古代的编码小故事，谈谈你对货物分类和编码有哪些思考。

五、案例分析题

某物流公司第一仓库采用四号定位法来进行货位编码，四号定位法是用四个号码来表示物资在仓库中位置的一种物资存储管理办法。这四个号码分别是：库内货区代号、架号（货架、货柜代号）、层号（货架或货柜的层次代号）、位号（层内货位代号）。用这四个号码对库存物资进行编号，通过查阅物资的编号，就可以快速了解该货物存放的具体位置了。

例如："7-3-2-8"即指 7 号货区、3 号货架（货柜）、第 2 层（第 2 排）、8 号货位（垛位）。编号时，为防止出现错觉，可在第一位数字后加上拼音字母"K""C"或"P"，这三个字母分别代表库房、货场、货棚。如 13K-15-2-26，即为 13 号库，15 号货架，第 2 层，第 26 号。

阅读以上案例，请思考

问题 1：仓库货位编码与货物编码有哪些相似之处？

问题 2：货物编码如何与货位编码建立关联关系？

扫\码\看\答\案

请扫描项目二活页部分，观看巩固练习参考答案。

学习项目三 货物的质量与标准

学习目标

知识目标

了解货物质量、标准、标准化、物流标准化的概念；

掌握货物标准的分类和内容；

熟悉物流标准化形式及统一标准模式。

能力目标

能够应用排列图法、鱼骨分析图法、直方图法、控制图法、散布图法、调查表法等常见质量管理技术；

能够准确辨析货物标准的类别和级别；

能够分析实施物流标准化的意义。

素养目标

养成精益求精的工匠精神，激发对货物质量与标准的学习热情；

通过了解古代货物质量管理制度，培养质量意识；

培养创新思维和实践能力。

知识图谱

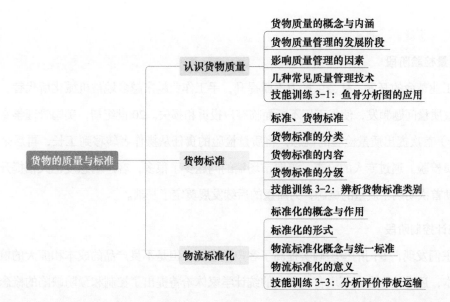

货物的质量与标准

- 认识货物质量
  - 货物质量的概念与内涵
  - 货物质量管理的发展阶段
  - 影响质量管理的因素
  - 几种常见质量管理技术
  - 技能训练 3-1：鱼骨分析图的应用
- 货物标准
  - 标准、货物标准
  - 货物标准的分类
  - 货物标准的内容
  - 货物标准的分级
  - 技能训练 3-2：辨析货物标准类别
- 物流标准化
  - 标准化的概念与作用
  - 标准化的形式
  - 物流标准化概念与统一标准
  - 物流标准化的意义
  - 技能训练 3-3：分析评价带板运输

学习单元一 认识货物质量

学习导入

小空在实习中逐渐认识到，在物流处理过程中，如果能够通过质量管理手段减少损失和错误，避免不必要的重复工作，就能够提高物流过程的效率，减少资源浪费和时间延误。在本单元，我们将陪伴小空一起认识货物质量，了解货物质量的发展阶段，熟悉影响货物质量的常见因素，会应用几种常见质量管理技术进行质量控制。

知识内容

一、货物质量的概念与内涵

国际标准化组织（ISO）颁布的 ISO 9000:2015《质量管理体系 基础和术语》中对质量的定义是：客体的一组固有特性满足要求的程度。

货物质量一般是指货物本质性的质量和外观形态。货物本质性的质量表现为货物的化学成分的构成、物理和机械性能、生物特征等；货物的外观形态则表现为货物的形状、结构、色泽、味觉等。国际贸易合同中的品质条款是构成商品说明的重要组成部分，是买卖双方交接货物的依据。

二、货物质量管理的发展阶段

1.质量检验阶段

随着工业革命的开展，社会生产力不断提升，手工作业越来越多地被机械化所代替。大批量生产导致质量问题频发，使得工厂不断面临客户投诉和损失。20 世纪初，美国管理学专家泰勒（Taylor）首次提出质量检验的概念，将质量检验的责任从操作者转移到工长，再后来就设定了检验员检验。通过专人的检查，流向市场端的问题少了很多，客户满意度也大幅提升。可以说，泰勒首次明确了质量的概念，为质量的后续发展奠定了基础。

2.统计控制阶段

企业主们发现，专门的检验确实提高了客户满意度，但是不良产品的成本和庞大的检验人员人力成本，还是让企业苦不堪言。著名的统计学家休哈特提出了控制和预防缺陷的概念，首次将数理统计的方法运用于质量管理，并制作了第一张控制图。他认为，变异存在于生产的各个环节，可以通过简单的数学统计来分析异常的出现。

这个阶段体现的质量意识就是"质量是制造出来的"，要想提升质量，就需要深入到过程控制中去，避免事后检查的浪费。这是质量管理历程中的一次飞跃，休哈特也因此被誉为"统计控制之父"。

3．全面质量管理阶段

20世纪60年代以来，单靠专门的检验和统计过程控制已无法满足生产过程越来越高的质量要求和竞争日益激烈的市场环境。美国管理学大师费根堡姆提出了全面质量管理的概念，质量管理进入了全面质量管理的时代。

所谓全面质量管理，是指全员、全过程、全企业和多方法的质量管理。全员，即企业的所有员工都应该是质量管理的参与者，而并不局限于质量部门；全过程，即企业运营有很多过程，质量管理工作并不局限于生产制造环节，采购过程、物料过程、人员招聘过程等都会为质量的提升做出贡献；全企业，即从企业的管理层到基层，自上而下涵盖，企业的各个职能要囊括，真正地全面参与其中。

总的来讲，质量管理的概念在不断进步，现在又提出一种新的概念——质量管理之六西格玛时代。六西格玛代表了企业极高管理水平，当今社会极少企业能够达到，这是质量管理的一个新的里程碑。

【小案例】

从"物勒工名"看中国古代的质量管理

我国古代很早就有一项重要的质量保障制度——物勒工名。

《吕氏春秋》曰："物勒工名，以考其诚，工有不当，必行其罪，以穷其情。"意思是把制造者名字刻在器物上，以便于检验产品质量，对不合格者给予惩处。

春秋晚期齐国右伯君铜权周身铸六个大字："右伯君，西里痁"。"右伯君"是主造官，"西里"是铸造的地点，"痁"是工匠的名字。

战国中期之后，不仅将工匠的名字刻在产品上，而且铭刻铜器的制造机构、官职名、工长名。物勒工名制度最初主要在官营作坊中实施，尤其在官营的兵器作坊中应用最广泛、监管最严格，随后私营作坊和其他器物上也开始实施物勒工名。除了青铜器，陶器、丝织物等也相继采用物勒工名制度。

从商鞅变法开始，秦国开始在兵器上实施物勒工名制度。战国中晚期，吕不韦作为相国，是兵器质量的最高监管人，他的名字在秦国兵器上出现次数最多，也是他正式论述了物勒工名质量责任制。

秦始皇统一六国后，在法律上进一步将物勒工名规范化，使之成为权威性的常规制度，不仅勒有工匠名，还勒有督造者和主造者之名，范围扩大到砖瓦，不刻者，要被罚款。因此，清代梁玉绳说："后世制器，镌某造，盖始于秦。"

汉朝开始不仅物勒工名的范围扩大，而且更加规范。生产者对质量负有最终责任，明确责任并保证对失责者能够追究，是保障质量安全的重要前提。

三、影响质量管理的因素

影响产品质量的因素很多，主要可归纳为人员、机器、材料、方法、测量、环境等六大类。因此，控制产品质量也可从控制这六大因素着手。

（1）人员。这是最基本、最重要的因素，主要包括人的质量意识、责任感、事业心、文化修养、技术水平和质量管理水平等。可以通过对人员进行培训，提高人的意识和能力。

（2）机器。机器是指生产中所使用的设备、工具等辅助生产用具。生产中，设备是否正常运作，工具质量好坏，都会影响生产进度和产品质量。机器设备的管理包括三个方面，即使用、点检和保养。使用，即根据机器设备的性能及操作要求来培养操作者，使其能够正确操作设备进行生产和服务，这是设备管理最基础的内容。例如，仓库中叉车的充电、使用、维护和保养。

（3）材料。材料的质量、型号、保质期等都会影响货物质量。因此，需要建立进料检验、入库、保管、标识、发放制度并认真执行，以严格控制材料质量。同时，对不合格品要有明确的控制办法，确保不合格品能够被有效隔离、标识、记录和处理。通过上述措施，严格控制材料质量，确保产品内在性能，并加以标识和维护，以防止混淆和损坏。

（4）方法。规定作业程序和方法，编制必要的作业规程。

（5）测量。保证测量系统和设备的有效性。

（6）环境。确保环境要求，如控制必要的温度、湿度、清洁度等，使生产过程处在一定的环境条件下。

四、几种常见质量管理技术

1. 排列图法

排列图法是将影响工程质量的各种因素按照出现频数从大到小的顺序排列在横坐标上，在纵坐标上标出因素出现的累积频数，并画出对应的变化曲线的分析方法。

排列图由两个纵坐标、一个横坐标、若干个直方图形和一条曲线组成。其中，左边的纵坐标表示频数，右边的纵坐标表示频率，横坐标表示影响质量的各种因素。若干个直方图形分别表示质量影响因素的项目，其高度则表示影响因素的大小程度。这些直方图按大小顺序由左向右排列，曲线表示各影响因素大小的累计百分数。这条曲线称为帕累托曲线。

在排列图中，重要性顺序显示出每个质量改进项目对整个质量问题的作用，可以借此识别进行质量改进的机会。图 3-1 为排列图示例。

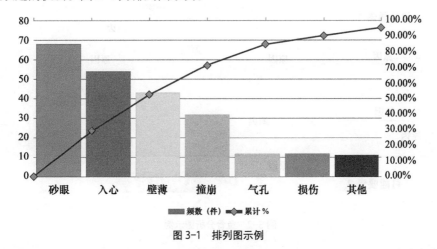

图 3-1　排列图示例

【知识强化】

请扫一扫活页中二维码"导学视频 3-1：排列图的绘制"，进一步掌握排列图的应用。

2. 鱼骨分析图法

鱼骨分析法（Fishbone Analysis Method），又称因果分析法，是一种发现问题"根本原因"的分析方法。现代工商管理教育如 MBA、EMBA 等课程将其划分为整理问题型鱼骨分析、原因型鱼骨分析及对策型鱼骨分析等几类。问题的本质总是受到一些因素的影响，通过头脑风暴找出这些因素，并将它们与特性值结合，按相互关联性进行整理，形成层次分明、条理清楚的图表，因其形状如鱼骨，所以叫鱼骨分析图。

所谓鱼骨分析图法，是将造成某项结果的众多原因，以系统的方式进行图解，即以图来表达结果（特性）与原因（因素）之间的关系。鱼骨分析图以粗线条箭头表示质量问题，以分支线条来表示每种问题可能存在的多种原因。此外，分支的末端还可以进一步标注该原因对应的解决办法，整个分析过程图示犹如鱼骨。

鱼骨分析图可以分为以下几类：

（1）整理问题型鱼骨分析图（各要素与特性值之间不存在原因关系，而是结构构成关系）。

（2）原因型鱼骨分析图（鱼头在右，特性值通常以"为什么……"来写）。

（3）对策型鱼骨分析图（鱼头在左，特性值通常以"如何提高 / 改善……"来写）。

鱼骨分析图示例如图 3-2 所示。

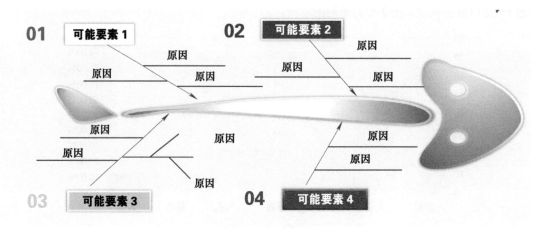

图 3-2　鱼骨分析图示例

3．直方图法

直方图（Histogram），又称质量分布图，是一种统计报告图，由一系列高度不等的纵向条纹或线段表示数据分布的情况。在直方图中，横轴表示数据类型，纵轴表示分布情况。

直方图是数值数据分布的精确图形表示。这是一种对连续变量（定量变量）概率分布的估计方法，由卡尔•皮尔逊（Karl Pearson）首先引入。为了构建直方图，首先要将值的范围分段，即将整个值的范围分成一系列间隔，然后计算每个间隔中有多少值。这些值通常被指定为连续的、不重叠的变量间隔。这些间隔必须相邻，并且它们的大小通常是（但不是必需的）相等的。

直方图是表示资料变化情况的一种主要工具，通过直方图，我们可以解析出资料的规则性，直观地观察到产品质量特性的分布状态，这使我们能够一目了然地了解资料分布状况，从而便于判断其总体质量分布情况。直方图示例如图 3-3 所示。

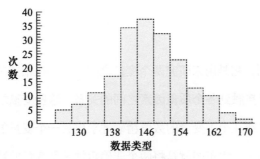

图 3-3　直方图示例

4．控制图法

控制图（Control Chart）又叫管制图，是一种运用统计方法设计的图形工具，旨在对过程质量特性进行测定、记录、评估，从而监察过程是否处于控制状态。图上有三条平行于横轴的直线：中心线（Central Line，CL）、上控制限（Upper Control Limit，UCL）和下控制限（Lower Control Limit，LCL），并有按时间顺序抽取的样本统计量数值的描点序列。UCL、CL、LCL 统称为控制限（Control Limit），通常控制界限设定在 ±3 标准差的位置。中心线是所控制的统计量的平均值，上下控制界限与中心线相距数倍标准差。若控制图中的描点落在 UCL 与 LCL 之外或描点在 UCL 和 LCL 之间的排列不随机，则表明过程异常。

控制图可以分为以下三类：

（1）适用于遵循正态分布的计量特征的平均数涅控制图和极差 R 控制图，这两个图必须合用，一般称之为涅 -R 控制图。其中涅若用中位数涅代替，即成为涅 -R 控制图。

（2）适用于遵循二项分布的计件特征的不合格品率 p 控制图和不合格品数 np 控制图。

（3）适用于遵循泊松分布的计点特征的缺陷数（或每单位缺陷数）c 控制图。

控制图示例如图 3-4 所示。

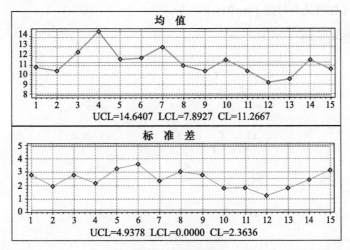

图 3-4　控制图示例

5．散布图法

散布图又称为相关图，它是用来研究两个变量之间是否存在相关关系的一种图形。在质量问题的原因分析中，常会接触到各个质量因素之间的关系。这些变量之间的关系往往不能进行解析描述，不能由一个（或几个）变量的数值精确地求出另一个变量的值，这种关系被称为非确定性关系（或相关关系）。散布图就是将两个非确定性关系变量的数据对应列出，标记在坐标图上，帮助我们观察变量之间关系的图表。

散布图是用来表示一组成对的数据之间是否有相关性的一种图表。这种成对的数据或许是"特性—要因""特性—特性""要因—要因"的关系。制作散布图的目的是辨认品质特征和可能原因因素之间的联系。

散布图用非数学的方式来辨认某现象的测量值与可能原因因素之间的关系。将两个可能相关的变量资料以点的形式画在坐标图上，我们可以直观地看到成对的资料之间是否有相关性。散布图示例如图 3-5 所示。

散布图可以分为以下几类：

（1）强正相关（如容量和附料重量）$r=+1$；

（2）强负相关（如油的黏度与温度）$r=-1$；

（3）弱正相关（如身高和体重）$0<r<1$；

（4）弱负相关（如温度与步伐）$-1<r<0$；

（5）不相关（如气压与气温）$r=0$；

（6）非线性相关 $r=0$。

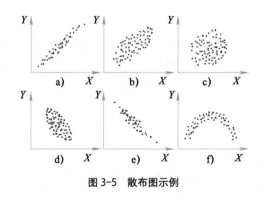

图 3-5　散布图示例

6．调查表法

调查表又称调查问卷或询问表，是以问题的形式系统地记载调查内容的一种印件。问卷可以是表格式、卡片式或簿记式。设计问卷是询问调查的关键。完美的问卷必须具备两个功能，即能将问题传达给被问的人和使被问者乐于回答。要实现这两个功能，问卷设计时应当遵循一定的原则和程序，运用一定的技巧。

调查表的结构一般包括标题、说明、主体、编码号、致谢语和实验记录等6项。

（1）标题。每份问卷都有一个研究主题。研究者应开宗明义定个题目，反映这个研究主题，使人一目了然。调查表通常会以"××的调查""××的调查表/问卷""关于××的调查表/问卷"为标题。

（2）说明。问卷前面应有一个说明。这个说明可以是一封告知调查对象的信，也可以是指导语，说明这个调查的目的和意义，填答问卷的要求和注意事项，下面同时填上调查单位名称和年月日。

调查表说明部分主要包括引言和注释，是对问卷的情况说明。引言应包括调查的目的、意义、主要内容、调查的组织单位、调查结果的使用者、保密措施等。其目的在于引起受访者对填答问卷的重视和兴趣，使其对调查给予积极支持和合作。引言篇幅宜小不宜大。注释通常会说明填写调查表的注意事项。

（3）主体。这是研究主题的具体化，是问卷的核心部分。问题和答案是问卷的主体。从形式上看，问题可分为开放式和封闭式两种。从内容上看，可以分为事实性问题、意见性问题、断定性问题、假设性问题和敏感性问题等。

（4）编码号。并不是所有问卷都需要编码号。规模较大且需要运用电子计算机统计分析的调查，要求所有的资料数量化，与此相适应的问卷就要增加一项编码号内容。

（5）致谢语。为了表示对调查对象真诚合作的谢意，研究者应当在问卷的末端写上感谢的话，如果前面的说明已经有表示感谢的话语，则末端可不用。

（6）实验记录。其作用是用以记录调查完成的情况和需要复查、校订的问题，格式和要求都比较灵活，调查访问员和调查者均在上面签写姓名和日期。

【知识强化】

请扫一扫活页中二维码"导学视频 3-2：调查问卷法"，熟悉如何进行调查问卷设计。

▪ 技能训练 ▪

技能训练 3-1：鱼骨分析图的应用

步骤 1：按照教师要求进行动态分组，每组选出组长和记录员。

步骤 2：小组研讨分析"运输成本过高"的主要因素，填入鱼骨分析图干枝。

步骤 3：分工分析每一主要因素的次要因素和解决办法，填入分枝和末枝。

步骤 4：小组集体讨论，整理鱼骨分析图。

步骤 5：各组选派 1 名代表交流汇报。

步骤 6：完成评价打分（见表 3-1）。

表 3-1　技能训练 3-1 评价表

技能训练	评价项目	分值	评价			合计（100%）
			本组自评（20%）	小组互评（30%）	教师评价（50%）	
3-1	能够正确绘制鱼骨分析图	20				
	分工合理，参与度高	20				
	原因及解决办法合理	40				
	能够清晰分享小组观点	20				
小计						

学习单元二　货物标准

学习导入

了解货物标准的相关知识，有利于更好地了解货物和认识货物。在本单元，我们将陪伴小空一起认识标准、货物标准的概念，熟悉货物标准的类别，并掌握货物标准的内容和级别。

知识内容

一、标准、货物标准

1. 标准

《标准化工作指南　第1部分：标准化和相关活动的通用术语》（GB/T 20000.1—2014）对"标准"的定义是通过标准化活动，按照规定的程序经协商一致制定，为各种活动或其结果提供规则、指南或特性，供共同使用和重复使用的文件。

（1）标准宜以科学、技术和经验的综合成果为基础。

（2）规定的程序指制定标准的机构颁布的标准制定程序。

（3）诸如国际标准、区域标准、国家标准等，由于它们可以公开获得以及必要时通过修正或修订保持与最新技术水平同步，因此它们被视为构成了公认的技术规则。其他层次上通过的标准，诸如专业协（学）会标准、企业标准等，在地域上可影响几个国家。

国际标准化组织（ISO）的标准化原理委员会一直致力于标准化概念的研究，先后以"指南"的形式给"标准"的定义做出统一规定：标准是由一个公认的机构制定和批准的文件。它对活动或活动的结果规定了规则、导则或特殊值，供共同和反复使用，以实现在预定领域内最佳秩序的效果。

2. 货物标准

货物标准是指为保证货物的适用性，对货物必须达到的某些或全部要求所制定的标准，包括品种、技术要求、试验方法、检测规则、包装、标志、运输和储存等。

货物标准是货物生产、质量检验、储存运输等的依据和准则，也是生产、流通、消费等部门对货物质量出现争议时执行仲裁的依据，对保证和提高货物质量具有重要作用。

二、货物标准的分类

1．按照标准存在形式划分

按照存在形式的不同，货物标准可以分为文件标准和实物标准。

（1）文件标准。文件标准是指用特定的规范文件，通过文字、表格、图样等形式，表述货物的规格质量、检验等有关技术内容的统一规定。绝大多数货物标准都是文件标准。文件标准在其开本、封面、格式、字体、字号等方面都有明确的规定，应符合《标准化工作导则　第1部分：标准化文件的结构和起草规则》（GB/T 1.1—2020）的有关规定。

（2）实物标准。实物标准也称为标准样品或标准物质，它是指对某些难以用文字准确表达的质量要求（如色、香、味、形、手感等），由标准化主管机构或指定部门（行业或订货方）用实物制成与文件标准规定的质量要求完全或部分相同的标准样品，按一定程序颁布，用以鉴别货物质量和评定货物等级。实物标准是文件标准的补充，实物标准要经常更新。作为文件标准的补充，实物标准同样是生产、检验等有关方面共同遵守的技术依据。例如，粮食、茶叶、羊毛、蚕茧等农副产品，都有分等级的实物标准。例如，《袜子表面疵点彩色样照》（GSB 16—2610—2010），S 代表实物。

2．按照约束力划分

按照约束力的不同，货物标准分为强制性标准和推荐性标准。

（1）强制性标准。强制性标准又称法规性标准，是指由法律、行政法规规定，要强制实行的标准，即经批准发布，在其规定的范围内，有关方面都必须严格贯彻执行。国家对强制性标准的实施依法进行有效监督。

（2）推荐性标准。推荐性标准又称自愿性标准，即国家制定的标准由各企业自愿采用、自愿认证，国家采取优惠措施鼓励企业采用。实行市场经济的国家大多数实行推荐性标准。例如，国际标准及美国、日本等国的大多数标准。

《中华人民共和国标准化法》（以下简称《标准化法》）规定：凡涉及保障人体健康、人身财产安全的标准，法律、行政法规规定强制执行的标准，为强制性标准。其余为推荐性标准。国家采取优惠措施，鼓励企业自愿采用推荐性标准。我国从 1985 年开始施行强制性和推荐性标准相结合的标准体系。

3．按照成熟程度划分

按照成熟程度的不同，货物标准可以分为正式标准和试行标准。试行标准一般在试行两三年后，经过讨论修订，再作为正式标准发布。现行标准绝大多数为正式标准。

（1）由国家正式颁布的货物标准称为正式标准。

（2）试行标准与正式标准具有同等效用，同样具有法律约束力。

4．按照保密程度划分

按照保密程度的不同，货物标准分为公开标准和内控标准。

（1）公开标准是由国家正式颁布的标准，我国绝大多数标准都是公开标准。

（2）内控标准也称内部标准，是指企业内部为在生产过程中控制产品质量而自行制定的标准。内控标准中涉及的产品技术参数、性能指标，通常高于当时的国家标准和行业标准，目的是使企业产品质量始终保持在超前或一定的水平上，以更好地满足市场和用户的需要。少数涉及军事技术或尖端技术机密的标准是内控标准，这些标准只允许在国内或有关单位内部发行。

5．按照标准化的性质划分

按照标准化的性质不同，货物标准分为技术标准、管理标准、工作标准。

（1）技术标准。技术标准包括基础、产品、方法、安全、卫生、环境保护等标准。

（2）管理标准。管理标准是指对标准化领域中需要协调统一的管理事项所制定的标准。按其对象可分为技术管理标准、生产组织标准、经济管理标准、行政管理标准、业务管理标准和工作标准等。制定管理标准的目的是合理地组织、利用和发展生产力，正确处理生产、交换、分配和消费的相互关系，科学地行使计划、监督、指挥、调整、控制等行政与管理机构的职能。

（3）工作标准。工作标准是指一个训练有素的人员完成一定工作所需的时间，其完成工作应该用预先设定好的方法，用其正常的努力程度和正常的技能（非超常发挥），所以也称为时间标准。

6．按照有效范围划分

按照有效范围不同，货物标准可以划分为国际标准、国家标准、行业标准、地方标准和企业标准。

【知识强化】

请扫一扫活页中二维码"导学视频3-3：货物标准的分类"，进一步了解货物标准的分类。

三、货物标准的内容

1．概述部分

商品标准的概述部分概括地说明了标准的对象、技术特征和适用范围，主要包括封面与首页、目次、标准名称和引言。

（1）封面与首页。封面列有标准名称、编号、分类号批准发布单位、发布和实施日期等。合订本内的标准只有首页，首页上的内容与封面相近。

（2）目次。当商品标准的内容较长、结构复杂、条文较多时，一般应编写目次。

（3）标准名称。标准名称一般是由标准化对象的名称和标准所规定的技术特征两部分组成。

可用商品名称作为标准名称，也可用商品名称和"技术条件"（或"规范"）作为标准名称。标准名称明确规定标准的主题及其所包括的方面，指明该标准或其他部分的使用限制，包括本标准适用于何种原料、何种工艺生产、作何用途的何种商品等内容。

（4）引言。引言主要阐述制定标准的必要性和主要依据，历次复审、修订的日期，修订的主要内容，废除和被代替的标准以及采用国际标准的程度。一般不写标题，也不编号。

2．正文部分

正文部分是商品标准的实质性内容，包括主体内容、适用范围、引用标准、术语、符号、代号、商品分类、技术要求、试验方法、检验规则、标志、包装、运输和储存等方面。

（1）主体内容与适用范围。该部分简要说明标准的主要内容及其适用范围。有的商品标准在必要时还明确指出该标准不适用的范围。在商品标准中，首先要说明这项标准适用于何种商品，以及这种商品的原料、生产工艺、分类及分级等，并写明直接引用的标准和与本标准配套使用的标准。

（2）引用标准。引用标准主要说明标准中直接引用的标准和本标准必须配套使用的标准，并列出标准的编号和名称。

（3）术语、符号和代号。标准中采用的术语、符号和代号，在现行国家标准、行业标准中尚无规定，一般在标准中给出定义或说明。其定义或说明集中写在标准技术内容部分的前面，或分别写在有关章、条的前面。有关该商品的名词术语和符号代号，凡在国家基础标准中未作统一规定的，都应在标准中做出规定。

（4）商品分类。商品分类是在商品标准中规定商品的种类和形式，确定商品的基本参数和尺寸。这对合理发展商品品种、规格以及为用户提供选用依据起到了重要作用。商品分类的内容包括商品的种类、结构形式与尺寸、基本参数、工艺特征、型号与标记、商品命名和型号编制方法等方面。在商品分类中，为协调同类商品和配套商品之间的关系，常按定数值规律排列成科学的系列标准化形式。

（5）技术要求。技术要求是商品标准的中心内容，包括物理性能、化学性能、感官性能、稳定性、可靠性、耗能指标、材料要求、工艺要求、环境条件、有关质量保证等多个方面。

（6）试验方法。试验方法是评定商品质量的具体做法，是对商品质量是否符合标准而进行检测的方法、程序和手段所做的统一规定。试验方法一般包括试验原理、试样的采取、所用试剂或标样、试验用仪器和设备、试验条件、试验步骤、试验结果的计算与分析评定、试验的记录和试验报告等内容。

（7）检验规则。检验规则是对商品如何进行验收而做的具体规定。它是商品制造厂将商品提交质量检验部门进行检验的规定，也是商品收购部门检查商品质量的依据，其目的是保证商品质量达到标准要求。检验规则一般包括检验的类别和项目、抽样或取样方法、检验方法、检验结果的评定和复检规则等。

（8）标志、包装、运输和储存。为使商品从出厂到交付使用的过程中不致受到损失，标准中必须对商品的标志、包装、运输和储存制定合理的统一规定。

3．补充部分

商品标准补充部分是对标准条文所做的必要补充说明和提供给使用者的参考资料，包含附录和附加说明两部分。

货物标准的内容如图 3-6 所示。

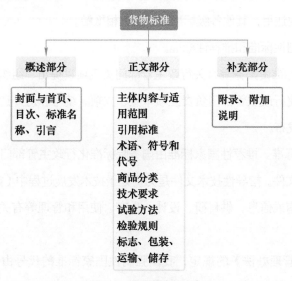

图 3-6　货物标准的内容

【拓展阅读】

请扫一扫活页中二维码"助学案例 3-1：从操作标准化看大国工匠精神"。

四、货物标准的分级

根据标准适用范围的不同，可将其划分为不同的层次。

1．国际标准

国际标准是指国际标准化组织（ISO）、国际电工委员会（IEC）和国际电信联盟（ITU）等国际标准化组织确认并公布的其他国际组织制定的标准。国际标准在世界范围内统一使用。

采用国际标准和国外先进标准的方针是认真研究，积极采用，区别对待。

采用国际标准应遵循的主要原则如下：

（1）要密切结合中国国情，有利于促进生产力发展。

（2）有利于完善中国标准体系，促进中国标准水平的不断提高，努力达到和超过世界先进水平。

（3）要合理安排采用的顺序，注意国际上的通行需要，还要考虑综合标准化的要求。

（4）采用国外先进标准要根据标准的内容区别对待。

2．国家标准

国家标准是由国务院有关主管部门提出，由国家标准总局审批和公布，在全国范围内统一使用的标准。我国《标准化法》规定，对需要在全国范围内统一的技术要求，应当制定国家标准。国家标准在全国范围内适用，其他各级标准不得与之相抵触。

国家标准分为强制性标准和推荐性标准。

（1）强制性国家标准由国务院有关行政主管部门负责项目提出、组织起草、征求意见和技术审查，国务院标准化行政主管部门负责立项审查、立项、编号和对外通报，最后由国务院批准发布或者授权批准发布。

（2）推荐性国家标准。推荐性国家标准由国务院标准化行政主管部门制定并发布。

（3）指导性技术文件。指导性技术文件是为仍处于技术发展过程中（如变化快的技术领域）的标准化工作提供指南或信息，供科研、设计、生产、使用和管理等有关人员参考使用而制定的标准文件。

按照《国家标准管理办法》的规定，我国强制性国家标准的代号由"国标"两字的大写汉语拼音第一个字母组成，为"GB"；推荐性国家标准的代号为"GB/T"。国家标准的代号后有两组数字，第一组数字表示标准的顺序编号，第二组数字表示标准批准或重新修订的年份。

以"中国国家标准《物流术语》（GB/T 18354—2021）"为例，其编码规则如图 3-7 所示

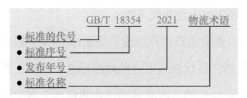

图 3-7 标准代码编码规则

3. 行业标准

行业标准即专业标准，是指在没有国家标准的情况下，由专业标准化主管机构或专业标准化组织批准发布，在某个行业范围内统一使用的标准。在没有国家标准而又需要在全国某个行业范围内统一技术要求的情况下，可以制定行业标准。行业标准不能与有关国家标准相抵触。有关行业标准之间应保持协调、统一，不得重复。

我国的行业标准由国务院有关行政主管部门编制计划，统一审批、编号、发布，并报国务院标准化行政主管部门备案。在发布实施相应的国家标准之后，该行业标准即行废止。不同行业的主管机构所颁布的标准按标准规定的范围实施。行业标准编号由行业标准代号、标准顺序号和发布的年号组成。行业标准代号由国务院标准化行政主管部门规定。例如，农业农村部颁布的农业标准代号为 NY（强制性标准）、NY/T（推荐性标准）。

4. 地方标准

地方标准是指在没有国家标准和行业标准的情况下，由地方制定、批准发布，在本行政区域范围内统一使用的标准。地方标准编号由地方标准代号、标准顺序号和发布年号组成。强制性的地方标准代号由"DB"加省、自治区、直辖市行政区域代码前两位数字和斜线组成。

我国《标准化法》规定，为满足地方自然条件、风俗习惯等特殊技术要求，可以制定地方标准。

地方标准由省、自治区、直辖市人民政府标准化行政主管部门制定；设区的市级人民政府标准化行政主管部门根据本行政区域的特殊需要，经所在地省、自治区、直辖市人民政府标准化行政主管部门批准，可以制定本行政区域的地方标准。地方标准由省、自治区、直辖市人民政府标准化行政主管部门报国务院标准化行政主管部门备案，由国务院标准化行政主管部门通报国务院有关行政主管部门。

5. 企业标准

企业标准是指由企业制定发布，在该企业范围内统一使用的标准，主要包括企业所制定的产品标准和在企业内需要协调、统一的技术要求等。企业标准是企业组织生产、经营活动的依据。其代号由"Q"加斜线再加上企业代号组成。

我国《标准化法》规定，企业生产的产品没有国家标准和行业标准的，应当制定企业标准，作为组织生产的依据。企业的产品标准须报当地政府标准化行政主管部门和有关行政主管部门备案。已有国家标准或者行业标准的，国家鼓励企业制定严于国家标准或者行业标准的企业标准，在企业内部适用。

▪ 技能训练 ▪

技能训练 3-2：辨析货物标准类别

步骤 1：按照教师要求进行动态分组，每组选出组长和记录员。

步骤 2：小组研讨分析货物标准的分类。

步骤 3：绘制"货物标准分类"思维导图。

步骤 4：各组选派 1 名代表交流汇报。

步骤 5：完成评价打分（见表 3-2）。

表 3-2　技能训练 3-2 评价表

技能训练	评价项目	分值	评价			合计（100%）
			本组自评（20%）	小组互评（30%）	教师评价（50%）	
3-2	分工合理，参与度高	20				
	分类逻辑清晰，层次合理	40				
	思维导图美观	20				
	能够清晰分享小组观点	20				
小计						

学习单元三　物流标准化

✈学习导入

标准化的重要意义是改进产品、过程和服务的适用性，而物流标准化是物流系统统一性、一致性的保证，是几个环节有机联系的必要前提。在本单元，我们将陪伴小空一起认识标准化的概念与形式，熟悉物流标准化统一模式。

✈知识内容

一、标准化的概念与作用

1. 标准化的概念

标准化是指在经济、技术、科学和管理等社会实践中，对重复性的事物和概念，通过制订、发布和实施标准达到统一，以获得最佳秩序和社会效益。

国家标准《标准化工作指南　第1部分：标准化和相关活动的通用术语》（GB/T 20000.1—2014）对"标准化"的定义是：为了在既定范围内获得最佳秩序，促进共同效益，对现实问题或潜在问题确立共同使用和重复使用的条款以及编制、发布和应用文件的活动。

（1）标准化活动确立的条款，可形成标准化文件，包括标准和其他标准化文件。

（2）标准化的主要效益在于为了产品、过程或服务的预期目的改进它们的适用性，促进贸易、交流以及技术合作。

2. 标准化的作用

（1）标准化为科学管理奠定了基础。所谓科学管理，就是依据生产技术的发展规律和客观经济规律对企业进行管理，而各种科学管理制度的形式，都以标准化为基础。

（2）促进经济全面发展，提高经济效益。标准化应用于科学研究，可以避免在研究上的重复劳动；应用于产品设计，可以缩短设计周期；应用于生产，可使生产在科学的和有秩序的基础上进行；应用于管理，可促进统一、协调、高效率等。

（3）标准化是科研、生产、使用三者之间的桥梁。一项科研成果，一旦纳入相应标准，就能迅速得到推广和应用。因此，标准化可使新技术和新科研成果得到推广应用，从而促进技术进步。

（4）标准化为组织现代化生产创造了前提条件。随着科学技术的发展，生产的社会化程度越来越高，生产规模越来越大，技术要求越来越复杂，分工越来越细，生产协作越来越广泛，这就必须通过制定和使用标准，来保证各生产部门的活动，在技术上保持高度的统一和协调。

（5）合理发展产品品种，提高企业应变能力，以更好地满足社会需求。

（6）保证产品质量，维护消费者利益。

二、标准化的形式

比较常用的标准化形式有简化、统一化、通用化、系列化等。

（1）简化。简化是指在一定范围内缩减对象（事物）的类型数目，使之在既定时间内足以满足一般需要的标准化形式。

（2）统一化。统一化是把同类事物两种以上的表现形态归并为一种或限定在某个范围内的标准化形式。统一化的概念与简化的概念是有区别的，前者着眼于取得一致，即从个性中提炼共性；后者肯定某些个性同时并存，着眼于精炼。

（3）通用化。通用化是指在互相独立的系统中，选择和确定具有功能互换性或尺寸互换性的子系统或功能单元的标准化形式。

通用化是以互换性为前提的。通用化的目的是最大限度地扩大同一产品的使用范围，从而最大限度地减少产品在设计和制造过程中的重复劳动。通用化的实施应从产品开发设计时开始，这是通用化的一个重要指导思想。产品通用化所产生的社会经济效益，是其他标准化形式所无法取代的。

（4）系列化。系列化是指对同一类产品的结构形式和主要参数规格进行科学规划的一种标准化形式。系列化是标准化的高级形式。

三、物流标准化概念与统一标准

1. 物流标准化概念

物流标准化是为物流活动制定统一标准并实施的整个过程。包括制定物流系统内部设施、机械装置、专用工具等各个分系统的技术标准；制定系统内各分领域如包装、装卸、运输等方面的工作标准；以系统为出发点，研究各分系统与分领域中技术标准与工作标准的配合性要求，统一整个物流系统的标准；研究物流系统与其他相关系统的配合性，进一步谋求物流大系统的标准统一。

2．物流统一标准

（1）基础编码标准。基础编码标准是对物流对象物进行编码的一套规则，它按物流过程的要求，将编码转化成条码。这一标准是物流大系统能够实现衔接与配合的基础，也是采用信息技术对物流进行管理、组织和控制的重要依据。

（2）物流尺寸标准。物流尺寸标准包括三方面：①基础模数尺寸标准。基础模数尺寸指标准化的共同单位尺寸，或系统各标准尺寸的最小公约尺寸。在基础模数尺寸确定之后，各个具体的尺寸标准，都要以基础模数尺寸为依据，选取其整数倍数为规定的尺寸标准。②物流建筑基础模数尺寸。主要是物流系统中各种建筑物所使用的基础模数，它是以物流基础模数尺寸为依据确定的，也可选择共同的模数尺寸。该尺寸是设计建筑物长、宽、高尺寸，门窗尺寸，建筑物柱间距，跨度及进深等尺寸的依据。③集装模数尺寸。集装模数尺寸是在物流基础模数尺寸基础上推导出的各种集装设备的基础尺寸，可作为设计集装设备三向尺寸的依据。

（3）物流专业名词标准。为了使大系统有效配合和统一，尤其是在建立系统的情报信息网络之后，信息传递的准确性变得尤为重要。这首先要求专用语言及其所代表的含义实现标准化。物流专业名词标准包括物流用语的统一化及定义的统一解释，还包括专业名词的统一编码。

（4）物流单据、票证的标准化。物流单据、票证的标准化可以实现信息的录入和采集，将管理工作规范化和标准化，也是应用计算机和通信网络进行数据交换和传递的基础标准。它可用于物流核算、统计的规范化，是建立系统情报网、对系统进行统一管理的重要前提条件，也是对系统进行宏观控制与微观监测的必备前提。

（5）标志、图示和识别标准。物流中的物品、工具、机具都是在不断运动中，因此，识别和区分便十分重要。对于物流中的物流对象，需要有易于识别和区分的标识，有时需要自动识别，这就可以用复杂的条码来代替用肉眼识别的标识。

（6）专业计量单位标准。除国家公布的统一计量标准外，物流系统还有许多专业的计量问题，必须在国家及国际标准基础上，确定本身专门的标准。同时，由于物流的国际性很突出，专业计量标准还需考虑国际计量方式的不一致性，还要考虑国际习惯用法，不能以国家统一计量标准为唯一依据。

四、物流标准化的意义

（1）标准化是行业发展和社会分工的前提和基础；物流标准化是一个制定标准、实施标准、修订标准的过程，是一个螺旋式的过程。

（2）物流标准化是物流系统统一性、一致性的保证，是几个环节有机联系的必要前提。

例如，集装箱标准化可以实现不同运输方式之间的无缝连接，对于发展广泛的水陆联运，提高物流作业效率都有着重要意义。

（3）实现物流标准化是发展物流技术、实施大系统物流管理的有效保证。

（4）物流标准化为物流系统与物流以外系统的联结创造了条件。物流标准化使物流系统不再是一个孤立的系统，物流涉及社会生活的方方面面，要使物流系统与社会生活的发展相衔接，一个很重要的手段就是通过标准化来简化和衔接统一点。

▪ 技能训练 ▪

技能训练 3-3：分析评价带板运输

步骤1：按照教师要求进行动态分组，每组选出组长和记录员。

步骤2：在活页中扫码观看视频《托举未来》。

步骤3：小组研讨托盘标准化推行中遇到的主要问题。

步骤4：各组选派1名代表交流汇报。

步骤5：完成评价打分（见表3-3）。

表 3-3　技能训练 3-3 评价表

技能训练	评价项目	分值	评价			合计（100%）
			本组自评（20%）	小组互评（30%）	教师评价（50%）	
3-3	分工合理，参与度高	30				
	提出的主要问题科学合理	40				
	能够清晰分享小组观点	30				
小计						

· 巩固练习 ·

一、单项选择题

1. 将"全员、全过程、全企业和多方法的质量管理"作为重心的质量管理阶段是（　　）。

　　A. 质量检验阶段　　　　　　　　　B. 统计控制阶段

　　C. 全面质量管理阶段　　　　　　　D. 三个阶段均是

2. 以系统的方式进行图解，即以图来表达结果（特性）与原因（因素）之间的关系，这种质量管理技术是（　　）。

　　A. 排列图法　　　　B. 鱼骨分析图法　　　C. 直方图法　　　D. 散布图法

3. 以下质量管理工具应用"关键的少数、次要的多数"原理的是（　　）。

　　A. 排列图法　　　　B. 鱼骨分析图法　　　C. 直方图法　　　D. 散布图法

4. 国家标准《物流术语》（GB/T 18354—2021）所描述的标准统一形式是（　　）。

　　A. 基础编码标准　　　　　　　　　B. 物流尺寸标准

　　C. 物流专业名词标准　　　　　　　D. 物流计量标准

5. 标准名称通常在标准文件的（　　）。

　　A. 概述部分　　　　B. 正文部分　　　C. 补充部分　　　D. 附录部分

二、多项选择题

1. 按照约束力的不同，货物标准分为（　　）。

　　A. 推荐性标准　　　B. 强制性标准　　　C. 公开标准　　　D. 内控标准

2. 比较常用的标准化形式有（　　）。

　　A. 简化　　　　　　B. 统一化　　　　　C. 通用化　　　　D. 系列化

3. 标准正文部分的内容包括（　　）。

　　A. 主体内容与适用范围　　　　　　B. 商品分类

　　C. 技术要求　　　　　　　　　　　D. 引言

4. 鱼骨分析图常见类型包括（　　）。

　　A. 调查型　　　　　B. 整理问题型　　　C. 原因型　　　D. 对策型

5. 物流统一标准的形式包括（　　）。

　　A. 基础编码标准　　　　　　　　　B. 物流尺寸标准

　　C. 标志、图示和识别标准　　　　　D. 专业计量单位标准

三、简答题

1. 简述货物质量管理的发展阶段。

2. 简述几种常见质量管理技术的名称及特点。

3. 简述货物标准的级别。

4. 简述物流统一标准的主要形式。

5. 简述实施物流标准化的意义。

四、论述题

学习了我国古代的物勒工名制度，你对货物质量管理有哪些思考？

五、案例分析题

某厂质量目标规定成品合格率为 98% 以上。

审核员问张技术员："成品合格率的含义是什么？"

张技术员回答："成品合格率是指成品出库以后的合格率，因为我们的成品不可能实现百分之百检验，只是按检验规程进行抽样检验，因此存在不合格的风险。"

李技术员回答："成品合格率是指成品入库前的合格率。"

检验员小王却说："成品合格率是指成品一次交验合格率。"

阅读以上案例，请思考

问题 1：案例中暴露出该厂质量管理中的什么问题？

问题 2：对于该问题应该采取哪些措施予以及时校正？

扫\码\看\答\案

请扫描项目三活页部分，观看巩固练习参考答案。

学习项目四　货物检验

学习目标

知识目标

了解货物检验的概念和种类；

掌握货物检验的内容和要求；

熟悉物流货物检验工作流程；

了解物流货物检验问题处理方法。

能力目标

能够辨别货物检验的种类；

能够运用货物检验主要方法进行货物检验；

能够对常见检验问题进行处理。

素养目标

培养合法合规意识和责任意识，激发对货物检验的学习热情；

了解古代货物检验制度，激发民族自信；

培养在货物检验中精益求精的科学精神；

培养在货物检验及仓储验收等不同活动中的知识、技能迁移能力。

知识图谱

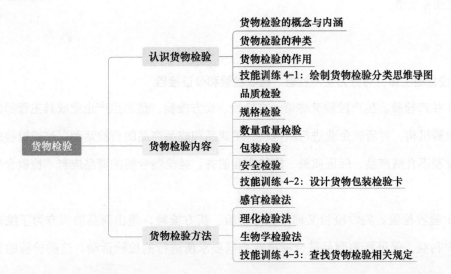

学习单元一 认识货物检验

✈ 学习导入

若能够在货物入库、装车等环节之前。识别出不合格货物，将大大减少物流损失，提高物流环节的工作效率和效益。小空在实习中逐渐认识到，货物检验是熟悉货物质量标准之后非常重要的工作内容。在本单元，我们将陪伴小空一起认识货物检验，了解货物检验的发展阶段，熟悉货物检验的主要内容，并学会应用常见货物检验方法进行货物检验。

✈ 知识内容

一、货物检验的概念与内涵

检验是科学名词，指用工具、仪器或其他分析方法检查各种原材料、半成品、成品是否符合特定的技术标准、规格的工作过程。

货物检验（Commodity Inspection）是指货物的供货方、购货方、第三方在一定条件下，借助于某种手段和方法，按照合同、标准或国内外有关法律法规、惯例，对货物质量、规格、重量、数量、包装、安全及卫生等方面进行检查，并做出合格与否或通过验收与否的判定；或为维护买卖双方合法权益，避免或解决各种风险损失和责任划分的争议，便于货物结算而出具各种有关证书的业务活动。

二、货物检验的种类

1. 按检验主体，可分为生产检验、验收检验和公证检验

（1）生产检验。生产检验又称第一方检验、卖方检验，是由生产企业或其主管部门自行设立的检验机构，对所属企业进行原材料、半成品和成品产品的自检活动。这类检验的目的是及时发现不合格产品，保证质量，维护企业信誉。经检验合格的商品应有"检验合格证"标志。

（2）验收检验。验收检验又称第二方检验、买方检验，是由商品的买方为了维护自身及其客户利益，保证所购商品符合标准或合同要求所进行的检验活动。这类检验的目的是及时发现问题，反馈质量信息，促使卖方纠正或改进商品质量。在实践中，一些外贸企业还常派"驻厂员"，对商品质量形成的全过程进行监控，一旦发现问题，及时要求卖方解决。经检验合格入库的产品通常会填写"入库验收单"。

（3）公证检验。公证检验又称第三方检验、法定检验，是指处于买卖利益之外的第三方（如第三方监督检验机构），以公正、权威的非当事人身份，根据有关法律、标准或合同进行商品检验活动，如公证鉴定、仲裁检验、国家质量监督检验等。第三方检验的目的是维护各方面合法权益和国家权益，协调矛盾，促使商品交换活动的正常进行。经检验合格的货物通常会出具专业的"质量检验报告"。

2．按检验对象流向，可分为内销货物检验和进出口货物检验

（1）内销货物检验。内销货物检验是指国内的商品经营者、用户及国家市场监督管理总局及其所属的商品质量监督经营管理机构与其认可的商品质量监督检验机构，依据国家法律法规、有关技术标准或合同对内销商品所实行的检验行为。

（2）进出口货物检验。进出口商品检验是指由国家设立的检验机构或向政府注册的独立机构，对进出口货物的质量、规格、卫生、安全、数量等进行检验、鉴定，并出具证书的工作。进出口商品检验的目的是经过第三者证明，保障对外贸易各方的合法权益。我国对于重要的进出口商品实行严格的检验制度，以确保商品的质量和安全符合国家和国际标准。对于重要的进出口商品，非经检验发给证件的，不准输入或输出。

3．按接受检验的货物比例，可分为全数检验、抽样检验和免于检验

（1）全数检验。全数检验又称全额检验、百分之百检验，是对整批商品逐个（件）进行的检验。其特点是能提供较多的质量信息，给人一种心理上的安全感。缺点是检验量大、费用高，易因检验人员疲劳而导致漏检或错检。

（2）抽样检验。抽样检验是按照已确定的抽样方案，从整批商品中随机抽取少量具有代表性的商品用作逐一测试的样品，并依据测试结果去推断整批商品质量合格与否的检验。它的优点是占用人力、物力和时间少，具有一定的科学性和准确性，是比较经济的检验方式。但检验结果相对于整批商品实际质量水平，会存在一定误差。抽样检验适用于批量较大、价值较低、质量特性多且质量较稳定或具有破坏性的货物检验。

1）简单随机抽样。简单随机抽样是指在一批产品共有 N 件的产品中，任意 n 件产品都有同样的可能性被抽到。例如，抽奖时的摇奖方法就是一种简单的随机抽样。在进行简单随机抽样时，必须注意不能有意识抽好的或差的，也不能为了方便只抽表面摆放的或容易抽到的。

2）分层抽样。分层抽样是一种针对不同类型产品进行质量评估的抽样方法，特别适用于加工设备不同、操作者不同、操作方法不同的产品。

3）等距抽样。等距抽样也称系统抽样，是指每隔一定时间或一定编号进行抽样，而每一次又是从一定时间间隔内生产出的产品或一段编号产品中任意抽取一个或几个样本的方法。这种方法主要用于无法知道总体确切数量的场合，如每个班的确切产量，多见于流水生产线的产品抽样。

4）整群抽样。整群抽样是指整群地抽选样本单位，对被抽选的各群进行全面调查的一种抽样组织方式。例如，检验某种零件的质量时，不是逐个抽取零件，而是随机抽若干盒（每盒装有若干个零件），对所抽各盒零件进行全面检验。如果全集总体划分为单位数目相等的 R 个群，用不重复抽样方法，从 R 群中抽取 r 群进行调查。

需要特别注意，整群抽样方法与分层抽样方法区别。当某个总体由若干个有着自然界限和区分的子群（或类别、层次）所组成，并且这些子群相互之间差异很大而每个子群内部的差异不大时，适合采用分层抽样；反之，当不同子群之间差异不大而每个子群内部的差异较大时，则特别适合采用整群抽样。

（3）免于检验。免检是指对符合规定条件的产品免于政府部门实施的质量监督检查的活动。但是，免检产品也并不是处于失控状态，《产品免于质量监督检查管理办法》规定，用户、消费者有权对免检产品进行社会监督。当免检产品出现质量问题时，用户、消费者可以向生产企业所在地的市场监督管理部门申诉和举报。市场监督管理部门按照法律法规及有关规定进行处理。按接受检验的货物比例分类如图 4-1 所示。

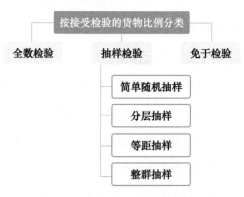

图 4-1　按接受检验的货物比例分类

4．按照检验有无破坏性，可以分为破坏性检验和非破坏性检验

（1）破坏性检验。破坏性检验是指为取得必要的质量信息，经测定、试验后的货物遭受破坏的检验。常见的破坏性检验如药物强制降解检验、焊接检验、炮弹爆破力检验等。

（2）非破坏性检验。非破坏性检验又称为无损检验，是指经测定、试验后的货物仍能使用的检验。

【知识强化】

请扫一扫活页中二维码"导学视频 4-1：货物检验的类别"，进一步熟悉货物检验的类型和特点。

【拓展阅读】

请扫一扫活页中二维码"助学案例 4-1：货物检验的其他类型"。

三、货物检验的作用

（1）保障商品品质。商品检验服务能够对商品的质量、安全性、环保性等多方面进行检测，确保商品符合国家相关标准和法规，保障消费者的合法权益。

（2）提升商家信誉。通过商品检验服务，商家可以更好地展示其产品质量，可以在市场上树立优质产品的形象，提高产品的竞争力，吸引更多客户，提升消费者对商家的信任度，从而增强商家在市场中的竞争力。

（3）降低流通成本。及早发现产品质量问题，有助于企业及时调整生产流程，减少因次品而带来的额外成本。商品检验是国际贸易中防范风险的有效手段，可以降低合作伙伴间因商品质量引发的不必要的争端，确保交易安全进行。

（4）确保遵守法规。不同国家和地区对商品有着不同的法规和标准，进行商品检验有助于确保产品符合当地的法规和标准，避免法律纠纷。

（5）满足消费者期待。消费者在购买商品时，最关心的就是商品的品质。商品检验服务可以帮助消费者了解商品的质量情况，满足他们对品质的期待，从而提升购物体验。

【小案例】

质量检验的前世今生

1. 周

《考工记》作为一部官书，是周王朝关于各种器具制作标准及工艺规程的具体规定，其中也有数条关于生产过程中出现残劣次品不得流入市面的规定。《考工记》开头就写到"审曲面埶，以饬五材，以辨民器"。

2. 秦

到了秦朝，国家对商品买卖实行更为严格的管理，专门从事日用商品经营的商贾必须到官府登记，加入市籍，所出售的商品须符合质量标准。

3. 汉

汉朝时期，质量管理沿袭了前人的做法。《初学记》卷二七引《范子计然》曰"肃细文出齐，上价万二千，中价万，下价五千也"。王莽时代，第一次明确了三等价格制度，《汉书·食货志》载"诸司市常以四时中月，实定所掌，为物上、中、下之价，各自用为其市平，毋拘它所"。

4. 唐

唐代三贾均市进一步典制化。唐朝由市令掌管物价，实行三贾均市。就是由市场官员按商品质量优劣，每十天对物价进行调研、评估，确定三等价格作为市场的指导价和官方买卖的物价依据。

5. 明

《明律》规定了伪劣与不合格商品不得在市场交易，否则要受到制裁。同时，《工部厂库须知》中记载，在炼铜成色质量检验方面，并非采用对所有产品进行全数检验的方式来评价整批产品的质量，说明我国产品抽样检验自明代有之。

6. 清

清朝关于市场管理的法规，除清律中的市廛条外，还有大量的"例"。例的效力甚至已经超过了律。根据工种的不同，将工匠分为军匠和民匠。军匠精通兵器制造，民匠负责日常用品制造。民间的自发秩序在一定程度上补充了政府质检体制的监管不足。

通过对货物质量检验行业的历史追溯与回忆，我们了解到古代货物检验技术、标准、方法的发展沿革，为现代货物检验奠定了重要的基础，更激发了我们的文化自信。

▪ 技能训练 ▪

技能训练 4-1：绘制货物检验分类思维导图

步骤 1：按照教师要求进行动态分组，每组选出组长和记录员。

步骤 2：小组研讨分析"货物检验"的主要分类。

步骤 3：分工完成货物检验的分类思维导图，整理汇报笔记。

步骤 4：各组选派 1 名代表交流汇报。

步骤 5：完成评价打分（见表 4-1）。

表 4-1 技能训练 4-1 评价表

技能训练	评价项目	分值	评价			合计（100%）
			本组自评（20%）	小组互评（30%）	教师评价（50%）	
4-1	能够正确绘制思维导图	20				
	分工合理，参与度高	20				
	分类准确，逻辑合理	40				
	能够清晰分享小组观点	20				
小计						

学习单元二　货物检验内容

学习导入

检验是买卖双方交易中一个重要的环节，了解货物检验的内容，有利于更好地了解货物和认识货物。在本单元，我们将陪伴小空一起学习货物检验的内容、类型与方法。

知识内容

一、品质检验

品质检验是根据合同和有关检验标准规定或申请人的要求，对商品的使用价值所展现出来的各种特性，运用人的感官或化学、物理等各种手段进行测试、鉴别。其目的就是判别、确定该商品的质量是否符合合同中规定的商品质量条件。

品质检验也称质量检验，它涵盖各种检验手段，包括感官检验、化学检验、仪器分析、物理测试、微生物学检验等。进出口商品的品质、规格、等级等进行检验，旨在确定其是否符合合同（包括成交样品）、标准等规定。

品质检验的范围很广，大体上包括外观品质检验和内在品质检验两个方面：

（1）外观品质检验。外观品质检验指对商品外观尺寸、造型、结构、款式、表面色彩、表面精度、软硬度、光泽度、新鲜度、成熟度、气味等的检验。

（2）内在品质检验。内在品质检验指对商品的化学组成、性质和等级等技术指标的检验。常见的检验内容包括商品部件及整体是否具备应有的基本功能，以及是否符合必需的性能要求（例如，电器测试、油漆附着力测试、画面在高温高湿环境下的稳定性测试、纸箱的爆破强度测试、变压测试、成品包装跌落测试等）。

二、规格检验

规格表示同类商品在量（如体积、容积、面积、粗细、长度、宽度、厚度等）方面的差别，与商品品质优劣无关。如鞋类的大小、纤维的长度和粗细、玻璃的厚度和面积等规格，只表明商品之间在量上的差别，而商品品质取决于品质条件。商品规格是确定规格差价的依据。由于商品的品质与规格是密切相关的两个质量特征，因此，贸易合同中的品质条款中一般都包括了规格要求。

规格检验是对同类商品在量（如体积、容积、面积、粗细、长度、宽度、厚度等）方面的差别进行的一种专门检验。这种检验的目的是确保商品符合特定的规格要求，而这些规格要求通常关注的是商品的物理尺寸或量化特征，与商品的品质优劣没有直接关系。规格检验是质量控制的重要一环，它确保商品在量化标准上满足既定的要求，从而满足市场、客户或相关标准的规定。通过规格检验，可以确保商品的一致性和符合性，提高产品的市场竞争力和客户满意度。

三、数量重量检验

在物流活动中，商品验收是按照验收业务作业流程，核对凭证等规定的程序和手续，对入库商品进行数量和质量检验的经济技术活动的总称。凡商品进入仓库储存，必须经过检查验收，只有验收后的商品，方可入库保管。商品验收涉及多项作业技术。

（1）数量检验。①对机电仪器类产品、零部件以及日用轻工品常用个数计量，如个、只、件、套等。②布匹、纺织品等用长度计量，如米、英尺。③木材、化学气体等用体积计量，如立方米、立方英尺等。

（2）重量检验。①计重方式，包括毛重、净重和以毛作净等；②计重单位，包括吨、公斤、英制长吨、美制短吨、磅、盎司等。

【拓展阅读】

请扫一扫活页中二维码"助学案例 4-2：进出口商品数量重量检验鉴定管理办法"。

四、包装检验

货物在流通过程中，由于受到多种因素的影响，会发生货损与货差。为了保证货物的质量和数量，也就是保证货物的完好无缺，在出运之前和到达目的地之后都需要对货物包装进行检验。

货物包装检验主要依据当事人双方签订的运输合同或者贸易合同中的运输条款、运输包装的有关标准进行。如果是进出口货物，还要依据国际法律法规、国际惯例，以及进出口国家检验检疫机构对运输包装的要求，对货物包装标志、包装材料、包装方法，以及货物的完好性和坚固性进行测评。货物包装本身的质量和完好程度，不仅直接关系着商品的质量，还关系着商品数量和重量。

五、安全检验

货物安全检验是指对电子电器类商品进行的漏电检验、绝缘性能检验和 X 光辐射商品的卫生检验。卫生检验是指对商品中的有毒、有害物质及微生物进行的检验。如食品添加剂中的铅含量检验、锅具的安全性检验，以及茶叶农药残留量检验等。

除上述内容外，对于进出口商品的检验还包括海损鉴定、集装箱检验、进出口商品的残损检验、出口商品的装运技术条件检验、货载衡量、产地证明、价值证明及其他业务的检验。

货物检验的内容如图 4-2 所示。

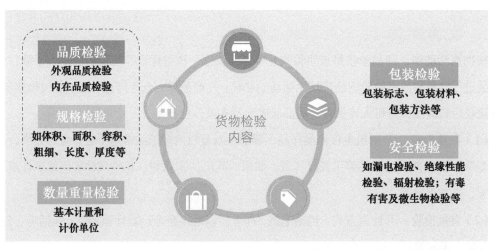

图 4-2　货物检验的内容

【知识强化】

请扫一扫活页中二维码"导学视频 4-2：货物检验的内容"，进一步了解货物检验的内容。

▶ 技能训练 ◀

技能训练 4-2：设计货物包装检验卡

步骤 1：按照教师要求进行动态分组，每组选出组长和记录员。

步骤 2：小组成员分头在网络中查找货物检验卡。

步骤 3：研讨分析"货物检验卡"的主要内容。

步骤 4：小组共同设计货物检验卡。

步骤 5：各组选派 1 名代表交流汇报。

步骤6：完成评价打分（见表4-2）。

表 4-2 技能训练 4-2 评价表

技能训练	评价项目	分值	评价			合计（100%）
			本组自评（20%）	小组互评（30%）	教师评价（50%）	
4-2	能够正确设计检验卡	20				
	分工合理，参与度高	20				
	分类准确、逻辑合理	40				
	能够清晰分享小组观点	20				
小计						

学习单元三　货物检验方法

学习导入

在熟悉了货物检验类型和检验内容的基础上，还需要掌握科学的货物检验方法，才有利于更好地验收、储存、运输和处理货物。在本单元，我们将陪伴小空一起学习感官检验法、理化检验法、生物学检验法三类基本检验方法，并学会选择合适的方法进行货物检验。

知识内容

一、感官检验法

1. 感官检验法的概念

感官检验法是指运用人体感觉器官的不同功能和实践经验，并借助一定的器具，对商品的感官质量特征做出判断与评价的方法。该方法将人的眼、鼻、舌、耳、手等感觉器官作为检验器具，结合自身的实践经验积累，对商品的外形、结构、气味、滋味、声音、弹性、光泽、硬度等质量情况，以及商品的品种、规格、性能等进行识别。

2. 感官检验的方法

（1）视觉检验。视觉检验是指用人的视觉器官来检验商品的外形、结构、颜色、光泽以及表面状态、疵点等质量特性。凡是能够直接用眼睛分辨的质量指标，都适合采用视觉检验法。

在视觉检验中，有时要使用标准样品，如茶叶、烟叶、棉花、羊毛和生丝等，均制定有相应的标准样品。标准样品是实物标准，与文字标准合在一起构成完整的标准形态。自20世纪初美国成功研制第一个冶金标准样品以来，经过一百多年的发展，国际上和我国均已经建立了完整的标准样品管理体系。这个体系涵盖了行政管理和技术管理的法规体系，以及相应层次的管理机构。我国的全国标准样品技术委员会还分别批准成立了冶金、有色金属、环保、农药、气体化学品、无损探伤、酒类7个分技术委员会以及多个专业技术工作组。

视觉检验鉴定者应该具有丰富的关于被鉴定商品外观形态方面的知识，并熟悉标准样品中各等级的条件、特征和界限；同时，在视觉鉴定过程中还要注意对光线强弱的要求。

（2）听觉检验。听觉检验是通过被检验物作用于听觉器官所引起的反应，凭借人的听觉器官来检验商品质量的方法。如检查玻璃、陶瓷、金属制品无裂纹，评价家用电器、乐器的音质等。

（3）触觉检验。触觉检验是利用人的触觉感受器对被检商品的质量进行感知和评估的方法。如利用触摸、按压、拉伸、拍敲、抓摸等方法，得到商品的光滑细致程度、软硬程度、干湿程度、弹性拉力大小的感觉，从而对商品的某些特性进行判断。

（4）嗅觉检验。嗅觉检验是通过人的嗅觉器官检查商品的气味，进而评价商品质量的方法。嗅觉检验适用于食品、药品、化妆品、洗涤用品、香料等商品的气味检验和评价，也适用于一些通过燃烧气味进行品质或成分鉴定的检验。

当食品或工业品的质量发生变化时，气味也会发生相应的变化；某些具有吸附性的商品，吸收了其他异味后会影响商品的品质；某些商品具有本品独特的芳香气味，当质量产生变化或进行不适当的加工时，会改变这种独特的香气，这些变化都可以通过嗅觉检验来进行鉴定。嗅觉鉴定者要具备一定的生理条件和丰富的实践经验，嗅觉鉴定场所也要符合鉴定标准要求。

3. 感官检验法的特点

（1）感官检验法的优点。感官检验方法简单、快捷，易于实施，不需要复杂、特殊的仪器或设备，也不受特定场所限制。此方法一般不易损坏商品，因此成本较低。

（2）感官检验法的局限性。感官检验的结果往往不够精确，无法用准确的数字来表示。它主要是一种定性的方法，只能检验商品的某些外在质量特征，而无法深入检验商品的内在质量。检验结果常常受到检验人员的知识、技术水平、工作经验以及感官敏锐程度等多种因素的影响。此外，不同人的审美观以及检验时的心理状态也可能对检验结果的准确性和科学性产生影响。

二、理化检验法

1. 理化检验法的概念

理化检验法是指在一定的实验室环境条件下，利用各种仪器、器具和试剂，运用物理、化学的方法来测定商品质量的方法。理化检验主要用于检测商品的成分、结构、物理性质、化学性质、安全性、卫生性以及对环境的污染和破坏性等。

2. 理化检验的方法

（1）物理检验法。物理检验指以一定方法测定商品的物理性质，根据规定的质量标准判定商品质量的方法。物理检验法因其检验货物的性质和要求不同，采用的仪器设备不同，可分为一般物理检验法、力学检验法、热学检验法、光学检验法、电学检验法、其他检验法等。

（2）化学检验法。化学检验指用化学试剂和仪器对商品的化学成分及其含量进行测定，进而判断商品是否合格的方法。按化学检验的原理、操作方法或使用仪器的不同，可将检验方法分为化学分析法和仪器分析法两大类。

1）化学分析法是根据检验过程中试样和试剂所发生的化学反应，以及在化学反应中试样和试剂的用量，来测定货物的化学组成成分及各成分所占比例的相对含量，以物质的化学反应为基础的分析法。这是一种传统的化学分析方法，是其他化学检验方法的基础，也称为常规分析法。

2）仪器分析法是采用光学、电学方面较为复杂的仪器，通过测量货物的光学性质、电化学性质，来确定货物的化学成分的种类、含量以及化学结构，进而对货物品质进行判断的检验方法。

3．理化检验法的特点

（1）理化检验法的优点。①检验结果精确，可用数字定量表示（如成分的种类和含量，以及某些物理、化学和机械性质）。②检验的结果客观，不受检验人员主观意志的影响，对商品质量的评价具有客观、科学的特点。③能深入地分析商品成分的内部结构和性质，能反映商品的内在质量。

（2）理化检验法的局限性。①需要一定的仪器设备和场所，成本较高，要求条件严格。②需要破坏一定数量的商品，消耗一定数量的试剂，费用较大。③检验需要的时间较长。④要求检验人员具备扎实的基础理论知识和熟练的操作技术。因此，理化检验法在商业企业较少直接采用，多作为感官检验之后的补充检验方法。必要时可委托商检机构进行理化检验。

三、生物学检验法

1．生物学检验法的概念

生物学检验法是指使用微生物学检验法、生理学检验法等手段检验商品的成分、结构等技术指标的方法。该法广泛运用于食品、药品、化妆品和冷冻品等商品的检验与鉴定，是食品类、医药类和日用工业品类商品等质量检验的常用方法之一。

2．生物学检验的方法

生物学检验法是食品类、药类和日用工业品类货物质量检验常用的方法之一，一般用于测定食品的可消化率、发热量、维生素含量、矿物质对机体的作用、细胞结构与形状、细胞特性、有毒物品毒性成分和大小等。

（1）微生物学检验法。微生物学检验法利用显微镜观察法、培养法、分离法和形态观察法等检验食品、动植物及其制品和包装容器中所存在的微生物种类和数量，并判定其是否超过允许限度。食品微生物污染主要有细菌与细菌毒素、霉菌与霉菌毒素，它们直接危害人体健康或危及货物的安全储存。

（2）生理学检验法。生理学检验法以特定的动物或人群为受试对象，测定食品的消化率、发热量以及某一成分对集体的作用、毒性等。

【拓展阅读】

请扫一扫活页中二维码"助学案例 4-3：茶叶检验方法"。

■ 技能训练 ■

技能训练 4-3：查找货物检验相关规定

步骤 1：按照教师要求进行动态分组，每组选出组长和记录员。

步骤 2：小组成员通过网络查找《民法典》中关于货物检验要求的相关规定。

步骤 3：研讨分析并绘制思维导图。

步骤 4：各组选派 1 名代表交流汇报。

步骤 5：完成评价打分（见表 4-3）。

表 4-3 技能训练 4-3 评价表

技能训练	评价项目	分值	评价			合计（100%）
			本组自评（20%）	小组互评（30%）	教师评价（50%）	
4-3	能够正确绘制思维导图	20				
	分工合理，参与度高	20				
	分类准确，逻辑合理	40				
	能够清晰分享小组观点	20				
小计						

—— · 巩固练习 · ——

一、单项选择题

1. 生产检验、验收检验和公证检验按照（   ）进行分类。

   A. 检验主体　　　　　　　　　　　　B. 检验对象流向

   C. 检验货物比例　　　　　　　　　　D. 检验有无破坏

2. 测试布匹撕裂强度的检验属于（   ）。

   A. 力学检验　　　B. 光学检验　　　C. 电学检验　　　D. 热学检验

3. （   ）通常被合并起来称作质量检验。

   A. 品质检验和数量重量检验　　　　　B. 数量重量检验和规格检验

   C. 品质检验和规格检验　　　　　　　D. 品质检验和安全卫生检验

4. 下列属于非破坏性检验的是（   ）。

   A. 炮弹爆破力检验　　　　　　　　　B. 焊接检验

   C. 灯具使用寿命检验　　　　　　　　D. 胸透 X 光检验

5. 光泽度检验属于（   ）。

   A. 规格检验　　　B. 品质检验　　　C. 数量检验　　　D. 重量检验

二、多项选择题

1. 按照接受检验的货物比例进行分类，可以分为（   ）。

   A. 全数检验　　　B. 抽样检验　　　C. 品质检验　　　D. 免于检验

2. 物理检验方法包括（   ）。

   A. 光学检验法　　B. 力学检验法　　C. 热学检验法　　D. 味觉检验法

3. 抽样检验类型包括（   ）。

   A. 简单随机抽样　B. 分层抽样　　　C. 整群抽样　　　D. 等距抽样

4. 常见的理化检验方法包括（   ）。

   A. 生理学检验法　　　　　　　　　　B. 物理检验法

   C. 微生物检验法　　　　　　　　　　D. 化学检验法

5. 品质检验中需要检验的内容包括（   ）。

   A. 光泽度检验　　B. 气味检验　　　C. 化学构成检验　D. 长度检验

三、简答题

1. 简述货物检验的作用。

2. 简述货物检验的主要内容。

3. 简述规格检验。

4. 简述货物检验的几种方法。

5. 请举几个破坏性检验的例子。

四、论述题

采用科学的货物检验方法对货物管理有什么作用和意义？

五、案例分析题

2022 年，滁州海关在对某公司出口的一批锂离子动力电池进行现场查验时，发现货物高度超出纸箱的高度，企业擅自破坏包装的设计结构强制装入，导致纸箱无法正常封口，不符合 SN/T 0370.1—2021《出口危险货物包装检验规程　第 1 部分：总则》附录 A.1 "纤维板箱 5. 箱子的设计应与所装物品十分相配" 的规定。查验关员判定该批货物检验不合格，出具 "出境货物不合格通知单"，企业返工整理并修改数据重新申报、提交检验合格后予以出口。

阅读以上案例，请思考

问题 1：案例中暴露出货物检验中的什么问题？

问题 2：货物包装检验的主要内容通常有哪些方面？

扫\码\看\答\案

请扫描项目四活页部分，观看巩固练习参考答案。

学习项目五　货物包装与标志

学习目标

知识目标

了解货物包装的概念、作用、分类；

熟悉物流货物包装材料和包装标志；

掌握货物包装的技术与方法。

能力目标

能够辨别货物包装材料；

能够运用货物包装技术选择合理包装方式；

能够对常见包装问题进行处理。

素养目标

培养节约意识和标准意识，激发对货物包装的学习热情；

了解古代货物包装历史，激发民族自信；

培养质量意识和创新思维。

知识图谱

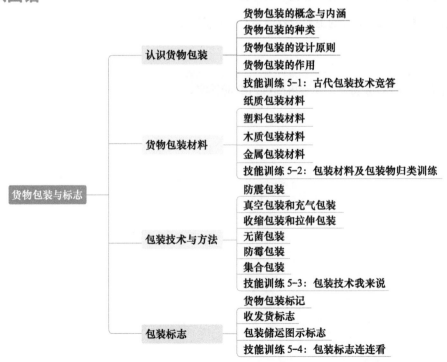

学习单元一 认识货物包装

✈ 学习导入

若能够在货物入库准备阶段识别出不合格包装货物，将大大减少物流损失，提高物流环节的工作效率和效益。小空在实习中逐渐认识到，熟悉货物包装是物流从业者货物验收中必备的重要技能。在本单元，我们将陪伴小空一起认识货物包装，了解货物包装的概念和内涵，熟悉货物包装的材料，学会应用常见货物包装方法，能够辨识货物包装。

✈ 知识内容

一、货物包装的概念与内涵

《包装术语 第1部分：基础》（GB/T 4122.1—2008）中对包装的定义是：为在流通过程中保护产品，方便储运，促进销售，按一定技术方法而采用的容器、材料及辅助物等的总体名称。也指为了达到上述目的而采用容器、材料和辅助物的过程中施加一定方法等的操作活动。

货物包装的含义，包括两方面的意思：一方面是指盛装商品的容器，通常称作包装物，如箱、袋、筐、桶、瓶等；另一方面是指盛装、包扎和装潢的操作过程，如装箱、灌瓶、打包等。

货物包装也是货物的一部分，属于货物的有形附加物。包装既是附属于内装物的特殊商品，具有价值和使用价值，同时又是实现内装商品价值和使用价值的重要手段。包装材料、包装技术、包装结构造型和表面装潢构成包装实体的四大因素。包装材料是包装的物质和技术基础，包装结构造型是包装材料和包装技术的具体形式。包装材料、包装技术和包装结构造型是通过画面和文字美化来宣传和介绍货物的主要手段。

二、货物包装的种类

1. 按商业经营习惯分类

（1）内销包装。内销包装是为适应在国内销售的商品所采用的包装，具有简单、经济、实用的特点。

（2）出口包装。出口包装是为了适应商品在国外的销售，针对商品的国际长途运输所采用的包装。这类包装在保护性、装饰性、竞争性、适应性上要求更高。

（3）特殊包装。特殊包装是为工艺品、美术品、文物、精密贵重仪器、军需品等所采用的包装，一般成本较高。

2．按包装在流通中的作用分类

（1）销售包装。销售包装也称为小包装或中包装，是商品的内层包装。销售包装是指以货物零售单元为包装个体的包装形式，可以是单个货物式的包装，也可以是若干单个货物再组合式的包装。单个货物式的称为小包装，若干单个货物再组合式的称为中包装。用来组合的货物可以是同种类的，也可以是不同种类的，但在用途上通常是互补的。销售包装的一般特点是包装件小、美观、新颖、卫生、安全，以及易于使用、便于携带。销售包装一般随货物售给消费者，除了具有保护货物的基本功能外，宣传、美化、促销的功能也得到强化。

（2）运输包装。运输包装也称外包装或大包装，是商品的外层包装。运输包装是用于安全运输、保护货物的较大单元的包装形式。例如，纸箱、木箱、桶、集装箱、集装袋等。运输包装一般体积较大，外形尺寸标准化程度高，坚固耐用，表面印有明显识别标志，方便运输、装卸和储存，最主要的功能是保护货物。

3．按包装容器质地分类

按包装容器质地，货物包装通常可以分为硬包装、半硬包装和软包装，如图 5-1 所示。

图 5-1　常见硬包装、半硬包装和软包装示例

4．按使用范围分类

按包装使用范围，货物包装通常可以分专用包装和通用包装，如图 5-2 所示。

图 5-2　常见专用包装和通用包装示例

5. 按使用次数分类

按包装使用次数，货物包装通常可以分一次性包装、多次用包装、周转用包装。一次性包装在拆装后，包装容器受到破坏，不能按原包装再次使用，只能回收处理或另作他用；多次和周转用包装可反复使用，此类包装在建立一定回送渠道后，就可周转使用。

6. 按包装材料分类

按包装材料，货物包装可分为纸类包装、塑料类包装、玻璃类包装、金属类包装、木材类包装、复合材料类包装、陶瓷类包装、纺织品类包装、其他材料类包装等。

7. 按防护技术方法分类

按包装技法，货物包装可分为贴体包装、透明包装、托盘包装、开窗包装、收缩包装、提袋包装、易开包装、喷雾包装、蒸煮包装、真空包装、充气包装、防潮包装、防锈包装、防霉包装、防虫包装、无菌包装、防震包装、遮光包装、礼品包装、集合包装等。

8. 按结构型式分类

按结构型式，货物包装分为固定式包装和可拆卸折叠式包装两类。固定式包装尺寸、外形固定不变，可拆卸折叠式包装可通过折叠、拆卸在不需包装时缩减容积，以利于返运。

【 知识强化 】

请扫一扫活页中的二维码"导学视频 5-1：货物包装分类"，深入了解货物包装的类型。

想一想：

你还能想到货物包装的哪些分类角度呢?

三、货物包装的设计原则

1. 安全与科学原则

安全原则指包装设计一定要能够起到保护商品，避免货物破损、渗漏、变质等问题出现的作用。科学原则是指根据被包装物的特性和保护等级，以及运输、储存、销售、环保等方面的要求，合理地选择包装材料，科学地确定包装造型结构和防护方法，运用先进的包装技术与工艺，使包装整体结构具有合理性和足够的强度，采用科学封装的方法，保证产品不会出现损坏，充分保证内装货物的安全，并取得各包装功能的综合平衡。例如，使用厚实的材料确保包装稳定性；如果是液体的话，还需要避免容器上部出现泄漏。

商品包装设计的安全性还包括了防伪措施，在商品销售过程当中，最令商家担心的就是被仿冒，所以包装设计中便融入了各种防伪功能，从而确保包装营销的安全性。例如，常见的一次性包装、破坏性包装，就是非常好的防伪包装设计方式。

2．经济性原则

经济性原则要求货物包装要力求经济、节约、实用，做到既能保护货物，又能贯彻降本增效的精神。由于产品量大，花费大量的成本打造包装会耗费过多的企业成本，因此，在保证包装具备必要功能的条件下，包装设计应选择价格便宜的包装材料；在不影响包装质量的前提下，应采用经济、简单的工艺方法以降低包装成本，从而降低货物价格；在满足强度要求的前提下，应选用重量较轻的包装材料，尽可能减少包装重量，缩小包装体积，实现包装规格标准化，以提高运输装卸能力和仓库容量的利用率，减少流通费用。另外，在包装设计时，应考虑包装与内装货物的价值相称，避免过度包装和过弱包装。以最少的人力、物力来获得最大的经济效果，节约能源与材料消耗，更有利于实现企业包装经济性设计原则。

3．便利性原则

包装设计特别是销售包装设计，要根据现代化货物生产、销售和使用的要求，便于生产者实现连续化、自动化包装，便于销售者陈列展销，便于消费者携带、使用、启闭等。同时，还要根据不同的消费对象采用不同容量、数量、规格的包装，采用相关货物配套包装。物流包装的比例、尺寸大小都需要把人体的生理功能考虑进去，根据物流搬运工、分拣员等容易抓、握的原则来进行制定，否则就会造成使用方面的不便利。同时，包装物需要通过文字、图案、色彩等要素来体现出商品的特殊性，应该力争做到和同类商品之间有较大的差异性。

4．美观性原则

货物的物流包装有时也起着销售促销作用，想要更好地吸引众多消费者，外包装的美观性也至关重要。包装设计时要注意外包装的美观性，以更好地创造出生动、完美、健康的产品包装，激发消费者的购买欲望，并从包装上给客户留下深刻印象。货物包装的图案、商标、文字安排要得当，突出重点。包装的造型既要美观、方便，又要符合货物的特点。特别是出口货物，其包装装潢的色彩和图案不仅要美观，还要具有地区或者民族特色，更要符合进口国人们的习惯爱好。

5．标准化原则

包装标准化是以包装的有关事项（如包装尺寸、包装设备、包装材料、包装工艺及其他相关活动等）为对象，通过制订和实施标准，以保障物品在贮藏、运输和销售中的安全便利和节约，从而提高社会综合经济效益的工作过程。现代仓储、运输广泛采用机械化装卸设备作业，所以货物包装应尽量注意采用大型集合化包装，包装外形尺寸要标准化，实现包装定型化、规格化和系列化，减少包装的规格型号。这不仅有利于组织专业化生产，提高生产效率，节约包装材料，降低包装成本，而且便于集合包装、装卸堆码，提高工作效率。

四、货物包装的作用

1．保护功能

包装能够保护货物在流通过程中不受各种外力的损坏，如撞击、潮湿、光线、气体、细菌等。例如，新鲜水果需要通风气孔，易碎品则需要良好的衬隔垫以防破损。

2．便利功能

包装设计应便于使用、携带和存放，有助于机械化、自动化装卸搬运作业，减小劳动强度，加快装卸搬运速度，方便计数、交接验收，节省仓库空间，提高仓储利用率。例如，开盖方便的饮料包装、便于超市陈列的小包装，以及便于搬运的大规格纸箱凹槽等。

3．销售功能

包装可以美化货物，吸引客户购买，并便于消费者观察和携带。在销售包装上通常会有产品型号、数量、品牌以及制造厂家或零售商的名称，有助于商品管理和消费者识别。

4．单元化功能

通过包装为货物赋予某种单元集中的功能，包装单位的大小要视消费者需求及货物种类、特征、物流方式而定。通过包装单元可以起到方便物流和方便商流两个作用。包装单元集中适用于装卸、搬运、保管、运输及交易批量。

5．节省费用功能

合理的货物包装，除了减少货物的损失之外，还有节约包装材料、节省包装费用、缩短运输时间、提高运输管理效率、提高仓储利用率、加快货物周转等作用。

6．传递信息功能

包装上的信息有助于消费者了解商品基本信息，条码便于电子仪器识别，实现跟踪货物及信息采集、处理和交换。这一功能有助于减少货物在物流过程中的货损、货差，提高货物跟踪管理水平和效率。

【小案例】

从包装历史感受文化自信

包装与人类社会发展一样，经历了一个漫长的发展历程。从早期方便盛放、便于携带的功能开始，慢慢演变成了今天集展示、携带、宣传于一体的现代化包装。

在原始社会，由于人们对于生产技能的掌握程度极低，所有的包装都来源于自然的粗加工。比如，为了保护原始社会的缝衣骨针而特意挑选的中空骨管，为了方便携带物品而采自大自然的藤条、叶子，为了方便取水加工而成的葫芦瓢。总之，这个阶段的包装主要是自然形成的，可以说是来自大自然的包装。由于这种包装制作简单且取材容易，直到现在仍然在某些领域得到应用，比如粽子外面的粽叶，就是这种包装在现代社会的体现，如图 5-3 所示。

图 5-3 粽叶包装

到了新石器时代后期，人类的生产力已经得到了极大发展。这一时期出现了用土烧制的制陶艺术，这种简单易于制造的方式，使得原来依靠自然的模式转向了自给自足的开端，包装得到了很大的发展。同时，由于染料的初步发现，陶器上出现了初始的美学设计。这一时期的代表是以茅草、藤蔓为原材料进行精加工的各种绳子包装和陶罐。直到现在我们仍能看到很多现实的例子，比如麻绳捆绑的碗和各种复古的麻绳包装，如图 5-4 所示。

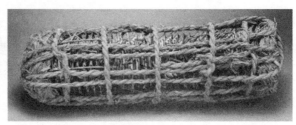

图 5-4 麻绳包装

到了新石器时代的后期，随着社会分工、冶金技术的发展以及商人的出现，青铜器登上了舞台。这个时期最有代表性的包装就是装肉的鼎和喝酒的酒爵。同时，由于商人的出现，产生了真正意义上的包装，"买椟还珠"就是这个时代包装的最好证明。由于青铜武器的出现，一些简单的漆器开始生产出来，这就是故事里面的"椟"。

东汉时期，蔡伦发明了造纸术，使得纸这个后世大放异彩的包装材料第一次出现在世人面前。加上铁器冶炼技术的成熟，出现了各种各样以大自然为原材料的精加工包装。比如，出现了以竹子为原材料的各种竹篮。由于这种包装具有一定的技巧性，已经出现了一定的职业模型，竹匠、篾匠等。同时，纸包装也开始广泛使用，那时候的纸主要还是从方便使用的角度来应用，比如装药的纸、包肉的纸。直到现在，我们还能看到这些包装形式的一些代表产物，如竹篮、木桶等。

直到英国工业革命发生，机器取代人力成为生产的主力军，产品因此得到了极大的丰富，于是包装作为宣传手段第一次登上了历史的舞台。加上技术的不断变革，印刷技术的不断飞跃，包装终于摆脱了过去的从属地位，正式进入了现代社会的舞台。经过多年的发展，我国包装行业已经取得了长足的发展，从设计到生产都形成了自己独特的文化。

▪ 技能训练 ▪

技能训练 5-1：古代包装技术竞答

步骤 1：按照教师要求进行动态分组，每组选出组长和记录员。

步骤 2：分组准备古代包装技术案例题目。

步骤 3：组织古代包装技术竞答。

步骤 4：统计各组分数。

步骤 5：完成总结评价（见表 5-1）。

表 5-1　技能训练 5-1 评价表

技能训练	评价项目	分值	评价			合计 （100%）
			本组自评 （20%）	小组互评 （30%）	教师评价 （50%）	
5-1	小组出题数量达到标准	10				
	题目规范合理	10				
	竞答分数统计准确	60				
	小组成员参与度高	20				
小计						

学习单元二 货物包装材料

学习导入

由于货物的性质不同,所需的仓储、运输等物流活动条件也不同,其采用的包装材料也随之不同。熟悉货物包装材料,了解不同包装材料的特点,有利于更好地识别货物和处理货物。在本单元,我们将陪伴小空一起学习货物包装材料的类别和特点。

知识内容

一、纸质包装材料

1. 纸质包装材料的特点

(1)具有适宜的强度、耐冲击性和耐摩擦性。

(2)密封性好,容易做到清洁卫生。

(3)具有优良的成型性和折叠性,便于采用各种加工方法,适用于机械化、自动化的包装生产。

(4)具有良好的可印刷性,便于介绍和美化货物。

(5)价格较低且重量轻,可以降低包装成本和运输成本。

(6)用后易于处理,可回收复用和再生,不会污染环境,节约资源。

纸和纸板也有一些致命的弱点,如难以封口、受潮后牢固度下降,以及气密性、防潮性、透明性差等,从而使它们在包装应用上受到一定限制。

2. 纸质包装材料类别

(1)纸与纸板。纸的主要成分是植物纤维,有时也掺入非植物纤维,通过在纸板机上抄造制成。有些特种纸板也会掺入羊毛等动物纤维或石棉等矿物纤维。纸板是具有较高挺度的纸制品,纸与纸板的区别通常以定量和厚度来区分。为了与国外沟通信息、交流技术,现在按照国际标准化组织的建议,一般将定量超过 $225g/m^2$ 的产品定义为纸板,而将定量小于 $225g/m^2$ 的产品定义为纸。

1)主要包装用纸。

① 纸袋纸。纸袋纸一般以本色硫酸盐针叶木浆为原料,常称为水泥袋纸,供水泥、化肥、

农药等包装之用，图5-5为化工原料纸袋。

②牛皮纸。牛皮纸由硫酸盐针叶木浆纤维或掺入一定比例其他纸浆在长网造纸机上抄造而成，半漂或全漂的牛皮纸浆呈淡褐色、奶油色或白色。牛皮纸多为卷筒纸，也有平板纸，多用于包裹纺织品、用具及各种小商品。牛皮纸可以分为单面牛皮纸、双面牛皮纸及条纹牛皮纸三种，双面牛皮纸又分为压光和不压光两种。牛皮纸表面涂有树脂，强度（耐硬度、撕裂度等）特别高，具有打光的表面，纸面可以呈现透明花纹、条纹或磨光效果，适于印刷。未漂浆牛皮纸为浅柠色，即纸浆本色，牛皮纸如图5-6所示。

图5-5 化工原料纸袋

图5-6 牛皮纸

③食品包装纸。食品包装纸是以纸浆及纸板为主要原料的包装制品，需要满足无毒、抗油、防水、防潮，密封等要求，且符合食品包装安全标准。由于食品包装纸与食品直接接触，且其包装物大部分都是直接入口的食品，因此，食品包装纸最基本的要求是必须符合食品卫生标准，同时，根据食品包装纸的不同使用要求，还必须达到相关的技术标准。

④瓦楞原纸。瓦楞原纸（见图5-7）是一种低重量的薄纸板，是生产瓦楞纸板的重要材料之一。瓦楞原纸要求纤维结合强度好，纸面平整，有较好的紧度和挺度，具有一定的弹性，以保证制成的纸箱具有防震和耐压能力。

2）常见包装用纸板。包装用纸板主要有箱纸板、牛皮箱纸板、灰纸板、瓦楞纸板等。

图5-7 瓦楞原纸

①箱纸板。箱纸板专门用于和瓦楞原纸裱合后制成瓦楞纸盒或瓦楞纸箱，供日用百货等商品外包装和个别配套的小包装使用。箱纸板的颜色为原料本色，表面平整，适于印刷上油。

②牛皮箱纸板。牛皮箱纸板适用于制造外贸包装纸箱、内销高档商品包装纸箱以及军需物品包装纸箱。

③灰纸板。灰纸板又称青灰纸板，灰纸板的质量低于白纸板，主要用于各种商品的中小包装，即用于制纸板盒。

④瓦楞纸板。瓦楞纸板是一个多层的黏合体，它最少由一层波浪形芯纸夹层（俗称"坑张""瓦楞纸""瓦楞芯纸""瓦楞纸芯""瓦楞原纸"）及一层纸板（又称"箱板纸""箱纸板"）

构成，具有较高的机械强度，能承受搬运过程中的碰撞和摔跌。瓦楞纸板的实际表现取决于三项因素：芯纸和纸板的特性及纸箱本身的结构。瓦楞纸板能够承受一定的平面压力，而且富有弹性、缓冲性能好，能起到防震和保护商品的作用。

【拓展阅读】

请扫一扫活页中二维码"助学案例 5-1：瓦楞纸板的类型与特点"，进一步了解瓦楞纸板。

（2）纸质包装制品。纸质包装制品又称包装制品，主要包括纸盒、纸箱、纸罐、纸桶、纸杯等。

1）纸盒。

① 折叠纸盒。折叠纸盒是一种应用非常广泛的绿色包装容器，不但广泛用于药品、食品、香烟及工艺品，也用于软饮料、洗涤用品、文教用品、小五金制品。按折叠方式不同，折叠纸盒又可分为管式、盘式、管盘式、非管盘式等多种类型，灯泡、牙膏等产品的包装属于管式折叠纸盒（见图 5-8）。各类食品、日用品、小型家电产品经常使用盘式折叠纸盒（见图 5-9）。包装折叠纸盒加工成本低、储运方便，适用各种印刷方式，适用于自动包装，便于销售和陈列，具有回收性好、利于环境保护等特点。

图 5-8　管式折叠纸盒

图 5-9　盘式折叠纸盒

② 粘贴纸盒。粘贴纸盒又称为固定纸盒、手工纸盒，是用贴面材料将基材纸板粘贴裱合而成的纸盒。

2）纸箱。

① 瓦楞纸箱（见图 5-10）。瓦楞纸板经过模切、压痕、钉箱或粘箱制成瓦楞纸箱。瓦楞纸箱是一种应用广泛的包装制品，用量一直位居各种包装制品之首。瓦楞纸箱以其优越的使用性能和良好的加工性能，逐渐取代了木箱等运输包装容器，成为运输包装的主力军。除了保护商品、便于仓储、运输之外，它还起到美化商品、宣传商品的作用。瓦楞纸箱属于绿色环保产品，它有利于环保和装卸运输。

图 5-10　瓦楞纸箱

【拓展阅读】

请扫一扫活页中二维码"助学案例 5-2：瓦楞纸箱"，进一步了解瓦楞纸箱。

② 蜂窝纸箱（见图 5-11）。蜂窝纸箱以蜂窝纸板冲压、裁切、粘贴制成，纸板接口处粘贴纸护角用以加强结构强度；可根据实际需求设计成整体式、组合式（可拆卸）、集成底托式等不同配置，更利于搬运、装卸。

图 5-11　蜂窝纸箱

3）纸罐、纸桶、纸杯。

① 纸罐是一种集金属、纸张、塑料为一体的圆形包装制品，通常分为螺旋形和复卷形，也称纸筒、纸听，国标号为 GB\T 10440—2008。纸罐以纸为主要原料，故回收处理容易；保护性能优良，可防水、防潮，有一定的隔热效果；无臭、无毒、安全可靠，特别适用于食品包装；可充填各种形状的商品，且充填时噪声小；造型结构多样，外层可进行彩印，具有良好的陈列效果；质量轻，流通容易，使用方便，价格较低。

② 纸桶也称纤维板桶，桶身由八层牛皮卡纸通过聚乙烯醇溶液黏合而成，桶盖和桶底均采用五层胶合板经机器黏合而成。

③ 纸杯是由化学木浆制成的原纸（白纸板）经过机械加工、黏合工艺制成的一种纸容器，外观呈口杯形。供冷冻食品使用的纸杯涂蜡，可盛装冰激凌、果酱和黄油等。供热饮使用的纸杯涂塑料，耐 90℃以上温度，甚至可盛开水。纸杯的特点是安全卫生、轻巧方便。公共场所、饭店、餐厅都可使用，是一次性用品。

二、塑料包装材料

塑料可以分为热塑性塑料和热固性塑料两大类。

热塑性塑料加热时可以塑制成型，冷却后固化保持其形状。这种过程能反复进行，即可反复塑制。热塑性塑料的主要品种有聚乙烯、聚丙烯、聚苯乙烯、聚氯乙烯、聚对苯二甲酸乙二醇酯等。

热固性塑料加热时可以塑制成一定形状，一旦定型后即为最终产品，再次加热时也不会软化，温度升高则会引起分解破坏，即不能反复塑制。热固性塑料的主要品种有酚醛塑料、脲醛塑料、三聚氰胺甲醛树脂等。

1. 常见包装用热塑性塑料

（1）聚乙烯。聚乙烯（Polyethylene，PE）是乙烯单体经聚合反应制得的一种热塑性树脂，它是产量最大、用量最大的塑料包装材料。聚乙烯用途十分广泛，主要用来制造薄膜、包装材料、容器、管道、单丝、电线电缆、日用品等，并可作为电视、雷达等的高频绝缘材料。常用的塑料气泡膜（见图 5-12）就由聚乙烯制成。

图 5-12　塑料气泡膜

（2）聚丙烯。聚丙烯（Polypropylene，PP）是丙烯通过加聚反应而成的聚合物，能在高温和氧化作用下分解。聚丙烯是一种性能优良的热塑性合成树脂，为无色半透明的热塑性轻质通用塑料，具有耐化学性、耐热性、电绝缘性、高强度机械性能和良好的高耐磨加工性能等，广泛应用于服装、毛毯等纤维制品，以及医疗器械、汽车、自行车、零件、输送管道、化工容器等产品的生产，也用于食品、药品的包装。

（3）聚苯乙烯。聚苯乙烯（Polystyrene，PS）是由苯乙烯单体经自由基加聚反应合成的聚合物，化学式是（C8H8）n。它是一种无色透明的热塑性塑料，具有高于 100℃ 的玻璃转化温度，因此经常被用来制作各种需要承受较高温度的一次性容器，以及一次性泡沫饭盒等。聚苯乙烯经常被用来制作泡沫塑料制品。它还可以和其他橡胶类型高分子材料共聚生成各种不同力学性能的产品。日常生活中常见的应用有各种一次性塑料餐具、透明 CD 盒等。发泡聚苯乙烯于建筑材料使用上，自 2003 年起，广泛使用于中空楼板作为隔音隔热材料。

（4）聚对苯二甲酸乙二醇酯。聚对苯二甲酸乙二醇酯（Polyethylene Terephthalate，PET）是热塑性聚酯中的主要品种，俗称涤纶树脂。它在电子电器方面有广泛应用，如电气插座、电子连接器、电饭煲把手、电视偏向轭，端子台、断电器外壳、开关、马达风扇外壳、仪表机械零件、点钞机零件、电熨斗、电磁炉、烤炉的配件等；在汽车工业中，PET 被用于生产流量控制阀、化油器盖、车窗控制器、脚踏变速器、配电盘罩；在机械工业中，PET 被用于生产齿轮、叶片、皮带轮、泵零件。除此之外，PET 还用于生产轮椅车体及轮子、灯罩外壳、照明器外壳、排水管接头、拉链、钟表零件、喷雾器部件等。

2. 常见包装用热固性塑料

（1）酚醛塑料。酚醛塑料（Phenolic Plastics），俗称电木粉，是一种硬而脆的热固性塑料。以酚醛树脂为基材的塑料总称为酚醛塑料，是一类重要的热固性塑料。酚醛塑料一般可分为非层压酚醛塑料和层压酚醛塑料两类。非层压酚醛塑料又可分为铸塑酚醛塑料和压制酚醛塑料。广泛用于电绝缘材料、家具零件、日用品、工艺品等。此外，还有主要作耐酸用的石棉酚醛塑料，作绝缘用的涂胶纸、涂胶布，作绝热隔音用的酚醛泡沫塑料和蜂窝塑料等。酚醛塑料管如图 5-13 所示。

（2）脲醛塑料（见图5-14）。脲醛塑料（Urea-formaldehyde Plastic）俗称"电玉"，是以脲醛树脂为基本成分而制作的塑料，属热固性塑料。脲醛塑料主要有脲醛模塑料、脲醛泡沫塑料、铸塑脲醛塑料和层压脲醛塑料板材四种。其表面光滑、质地坚硬、色泽鲜艳，耐电弧、火焰，电绝缘性能好。广泛用于制造日用电器、机械零件、电气和仪表工业的配件、各种手柄及装饰品、文教用品、各式纽扣及瓶盖等。脲醛泡沫塑料主要用于制造车辆、船舶、建筑等领域的隔音、绝热材料。

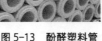

图5-13　酚醛塑料管　　　　图5-14　脲醛塑料

（3）三聚氰胺甲醛树脂。三聚氰胺甲醛树脂（Melamine-formaldehyde Resin）是三聚氰胺与甲醛反应所得到的聚合物，又称密胺甲醛树脂、密胺树脂。加工成型时发生交联反应，制品为不熔的热固性树脂。习惯上常把它与脲醛树脂统称为氨基树脂。

3．常用塑料包装制品

（1）塑料薄膜（见图5-15）。塑料薄膜是使用最早、用量最大的塑料包装制品，主要由聚氯乙烯、聚乙烯、聚丙烯、聚苯乙烯以及其他树脂制成，用于包装和覆膜层。塑料薄膜广泛地应用于食品、医药、化工等领域，其中又以食品包装所占比例最大，比如饮料包装、速冻食品包装、蒸煮食品包装、快餐食品包装等，这些产品给人们生活带来了极大的便利。

（2）泡沫塑料（见图5-16）。泡沫塑料是由大量气体微孔分散于固体塑料中而形成的一类高分子材料，具有质轻、隔热、吸音、减震等特性，且介电性能优于基体树脂，用途很广。几乎各种塑料均可制成泡沫塑料，发泡成型已成为塑料加工中的一个重要领域。与纯塑料相比，它具有很多优良的性能，比如质轻、强度高、可吸收冲击载荷、隔热和隔音性能好等。因而在工业、农业、建筑、交通运输等领域得到了广泛应用。泡沫塑料自问世以来，其用途日益广泛，品种不断丰富，其中较为常见的传统泡沫塑料主要有聚氨酯、聚苯乙烯、聚氯乙烯、聚乙烯、酚醛树酯等品种。

（3）塑料编织袋与塑料无纺布。

1）塑料编织袋（见图5-17）。塑料编织袋是塑料袋的一种，用于包装，其原料一般是聚乙烯、聚丙烯等各种化学塑料原料。塑料编织袋质轻、耐用、坚固、耐腐蚀，还有一定的弹性。货物加入塑料薄膜内衬后能防潮、防湿，适用于化工原料、农药、化肥、谷物等重型货物包装，特别适用于外贸出口包装。

2）塑料无纺布。塑料无纺布又称不织布、针刺棉、针刺无纺布等，采用聚酯纤维、涤纶纤维材质生产，经过针刺工艺制作而成，可做出不同的厚度、手感和硬度等。塑料无纺布具有防潮、透气、柔韧、轻薄、阻燃、无毒无味、价格低廉、可循环再用等特点，可用于不同的领域，比如隔音、隔热、电热片制作，口罩生产，服装制造，医疗用品、填充材料等。

图 5-15　塑料薄膜　　　　　图 5-16　泡沫塑料　　　　　图 5-17　塑料编织袋

三、木质包装材料

1. 常用木质包装材料种类

（1）天然木材。本质包装制作简单，仅使用简单的工具就能制作完成。天然木材质轻且强度高，有一定的弹性，耐压、耐冲击，适宜重型物品的包装和储运；有很高的耐久性，与金属材料相比，不会生锈，可以用来盛装化学药剂；可以回收再利用，有的也可以反复使用，所以价格低廉。天然木材也存在一些缺点，如组织结构不匀，容易受环境温度、湿度的影响而变形、开裂翘曲和强度降低，易腐蚀、易燃且易被白蚁蛀蚀等。

（2）人造板材。人造板材是有效利用木材的重要途径之一。除胶合板外，人造板材所使用的原料均来自木材采伐、加工过程中的剩余物，如树枝、截头、板皮、碎片、刨花、木屑等废料都得到了利用。如今，常用的人造板材原料又扩大到灌木、农作物秸秆等。压缩植物纤维托盘和发泡植物纤维缓冲材料的研究与应用，已经成为代木包装的重要发展方向之一

1）胶合板（见图 5-18）。包装轻工、化工类商品的胶合板多用酚醛树脂作为黏结剂，具有耐久性、耐热性和抗菌性能。包装食品的胶合板，多用谷胶和血胶作为黏结剂，具有无臭、无味等特性。

2）纤维板（见图 5-19）。纤维板的原料有木制和非木制之分。前者是指木材加工的下脚料与森林采伐的剩余物等，后者是指蔗渣、竹子、稻草、麦秆等农业废弃物。这些原料经过制浆、成型、热压等工序制成人造纤维板。

3）刨花板（见图5-20）。刨花板又称碎木板或木屑板，是利用碎木、刨花经过切碎加工后与胶黏剂（各种胶料、人工树脂等）拌和，再经加热压制而成的。刨花板的板面宽、花纹美丽，没有木材的天然缺陷，但容易吸潮，吸水后膨胀率较大，而且强度不高。刨花板一般可以作为小型包装容器，也可以作为大型包装容器的非受力壁板。

图 5-18　胶合板　　　　　　　图 5-19　纤维板　　　　　　　图 5-20　刨花板

2．木质包装容器

木质包装容器有以下几种：

（1）木桶（见图5-21）。木桶是一种古老的包装容器，主要用来包装化工类、酒类商品。

（2）普通木箱。载重量小于200kg时通常使用普通木箱，它采用板式结构，装卸、搬运操作多为人工方式，因而常需设置手柄、手孔等操作构件，不必考虑滑木、绳口及叉车插口等结构。

（3）滑木箱（见图5-22）。载重量小于1 500kg时通常使用滑木箱，由于它必须靠机械起吊或沿地面拖动，因而必须设置滑木结构。滑木箱的承重能力依赖于其底座和侧壁之间形成的刚性连接。

（4）框架木箱（见图5-23）。在载重量大于1 500kg时通常使用框架木箱。这种木箱也必须设置滑木结构供机械装卸起吊操作使用。框架木箱的承重主要靠刚度很好的框架来完成，壁板在多数情况下仅起密封保护作用。

图 5-21　木桶　　　　　　　图 5-22　滑木箱　　　　　　　图 5-23　框架木箱

（5）底盘。底盘通常采用坚固的木质结构，直接与具有足够的强度和刚度的产品固结在一起，适用于塔、罐、机械等大型产品的包装。使用底盘作为包装方式，主要是为了运输和装卸操作。

（6）托盘。托盘是一种"集合装卸"（集约包装）工具，有的地区也称为栈板。托盘包装的产品本身不重，尺寸也不大。集约包装就是把若干数量的单件货物归并成一个整体，使用托盘进行装卸运输。托盘的主要优点是简化了包装，能有效降低包装成本，方便运输和装卸。木质托盘如图5-24所示。

（7）胶合板箱（见图5-25）。胶合板箱也称为框挡胶合板箱，由胶合板和框挡组合而成，是一种自重很小、外观整洁精致的小型包装箱，适用于空运。其主要优点是构件标准化，适合工业化成批生产。近年来，还发展起来一种可拆式胶合板箱，其优点是组合方便，可重复使用，运输时可拆开并叠成平板状，可以大大节约运输空间。

图5-24　木质托盘

图5-25　胶合板箱

四、金属包装材料

1. 常用金属包装材料种类

（1）钢材。钢材是通过压力加工钢锭、钢坯或钢材，制成所需要的各种形状、尺寸和性能的材料。钢材应用广泛、品种繁多，根据断面形状的不同，钢材一般分为型材、板材、管材和金属制品四大类，具体品种包括重轨、轻轨、大型型钢、中型型钢、小型型钢、钢材冷弯型钢，优质型钢、线材、中厚钢板、薄钢板、电工用硅钢片、带钢、无缝钢管钢材、焊接钢管、金属制品等。

（2）铝材。铝材是由铝和其他合金元素共同制造的制品，主要金属元素是铝，通过添加一些合金元素，可以提高铝材的性能。

2. 金属包装容器

（1）金属罐。金属罐按形状可分为圆罐、方罐、椭圆罐、扁罐和异形罐等；按材料可分为低碳薄钢板罐、镀锡钢板罐和铝罐等；按结构和加工工艺可分为三片罐、两片罐等；按开启方法可分为普通罐、易开罐等；按用途可分为食品罐、通用罐、18L罐和喷雾罐等。

（2）金属桶。金属桶是常用的金属容器，分为敞口和闭口两种。常用的金属桶有汽油桶。

（3）金属软管。金属软管是现代工业设备连接管线中的重要组成部件。金属软管用作电线、电缆的保护管和民用淋浴软管，耐腐蚀、耐高温、耐低温，重量轻、体积小、柔软性好。广泛用于航空、航天、石油、化工、冶金、电力、造纸、木材、纺织、建筑、医药、食品、烟草、交通等行业。

3．金属包装材料的特点

（1）结构强度好。金属包装材料具有较高的耐用性和强度，能够承受压力和冲击力，有很好的硬度和韧性，不易受外力而破碎或变形，可以保护包装物品不受损坏。

（2）防腐性能佳。根据金属种类不同，金属包装具有不同的防腐蚀性能，可以有效地防止包装物品受到大气、水汽等腐蚀性环境的影响，延长产品寿命。

（3）气密性好。金属包装在生产过程中可以通过锤压、焊接等方式实现完全封闭，对于需要保护的产品，如食品、保健品、医药品等具有非常重要的作用。金属包装材料密封性好，可以保证内部包装物品的新鲜度和品质。

（4）环保性。金属包装材料可回收利用，对环境的污染较小，符合可持续发展的要求。

（5）印刷与装饰性。金属包装表面光滑、平整，易于印刷和表面设计，有利于商品的促销。

【拓展阅读】

请扫一扫活页中二维码"助学案例 5-3：新型包装材料"，进一步了解新型包装材料。

▪ 技能训练 ▪

技能训练 5-2：包装材料及包装物归类训练

步骤 1：按照教师要求进行动态分组，每组选出组长和记录员。

步骤 2：小组成员分工开展工作。

步骤 3：共同利用思维导图等进行包装材料及包装物归类训练。

步骤 4：各组选派 1 名代表交流汇报。

步骤 5：完成评价打分（见表 5-2）。

表 5-2　技能训练 5-2 评价表

技能训练	评价项目	分值	评价			合计（100%）
			本组自评（20%）	小组互评（30%）	教师评价（50%）	
5-2	能够正确绘制思维导图	20				
	分工合理，参与度高	20				
	归类准确，逻辑合理	40				
	能够清晰分享小组观点	20				
小计						

学习单元三　包装技术与方法

学习导入

在熟悉货物包装材料的基础上，还需要掌握科学的货物包装技术和方法，才有利于更好地验收、储存、运输和处理货物。在本单元，我们将陪伴小空一起学习防震包装、真空包装和充气包装、收缩包装和拉伸包装、无菌包装、防霉包装、集合包装等常见包装方法。

知识内容

一、防震包装

1．全面防震包装

全面防震包装是指内装物和外包装之间全部用防震材料填满进行防震的包装方法。根据工艺方法的不同，可分为填充式全面防震包装法、包裹式全面防震包装法、模盒式全面防震包装法。

2．部分防震包装

对于整体性好和有内装容器的产品，仅在产品或内包装的拐角或局部使用防震材料进行衬垫即可。所用包装材料主要有泡沫塑料防震垫、充气型塑料薄膜防震垫和橡胶弹簧等。

3．悬浮式防震包装

对于某些贵重易损的物品，为了有效地保证在流通过程中不被损坏，会采用比较坚固的外包装容器，然后用绳、带、弹簧等将被装物悬吊在包装容器内。在物流的各个环节中，内装物都被稳定悬吊而不与包装容器发生碰撞，从而减少损坏。透明悬浮包装盒示例如图 5-26 所示。

图 5-26　透明悬浮包装盒示例

【知识强化】

请扫一扫活页中二维码"导学视频 5-2：货物的包装技术"，深入理解货物包装的概念。

二、真空包装和充气包装

真空包装（见图 5-27）与充气包装（见图 5-28）多用于食品的包装，真空包装也称减压包装，是一种将包装容器内的空气全部抽出并密封的技术，旨在维持袋内的高度减压状态。由于空气稀少，相当于低氧效果，使微生物没有生存条件，从而达到保持食品新鲜、无病腐发生的目的。真空包装方式有塑料袋内真空包装、铝箔包装、玻璃器皿、塑料及其复合材料包装等，可根据物品种类选择包装材料。由于果品属鲜活食品，尚在进行呼吸作用，高度缺氧会造成生理病害，因此，果品类较少使用真空包装。

相较于传统的包装形态，充气式防震包装方式采用了珍珠棉。该类包装应用范围更广、包装成本更低、环保效果更好、质量更可靠。

图 5-27　香肠真空包装

图 5-28　气柱充气包装

三、收缩包装和拉伸包装

1. 收缩包装法

收缩包装法是一种用收缩膜包裹待包装物品，并对收缩膜进行有关处理（如适当加热处理，使膜收紧且紧贴于物品）的包装技术方法。其作用主要有两方面：一是有利于提高物流效率，将物品固定于托盘上，不仅有利于加快物流过程，而且方便保管与使用；二是有助于销售，这类包装使内装物品形体突出、形象鲜明、质感更佳。

2. 拉伸包装法

拉伸包装法是在常温下用机械装置将弹性薄膜拉伸后，将待包装件紧裹的一种包装技术方法。该包装方法可提高物流效率，方便仓储。拉伸缠绕膜如图 5-29 所示。

图 5-29　拉伸缠绕膜

四、无菌包装

无菌包装（见图 5-30）是一种先进的食品保存技术，其核心在于包装前对食品进行短时间的灭菌处理，然后在无菌的环境中进行充填和封合。无菌包装技术具有生产成本低、产品保质期长、不需冷藏、节省能源等优点。

图 5-30　无菌包装

无菌包装法使用的包装容器有杯、盘、袋、桶、缸、盒等各种类型，容积变化范围较大，包装材料主要采用复合材料。与传统的金属、玻璃容器相比，新型复合材料的包装容器加工方便、生产成本低，而且容器自身的重量大大减小，降低了运输、装卸等流通环节的成本。复合材料的包装容器现已广泛应用于饮料类食品的包装。实际上，对食品的无菌包装只是一个相对无菌的加工过程，也称为商业无菌。经过这样的无菌处理，产品和媒介物中可能仍然有微生物存活，但是这些微生物是无害菌，或者不会在产品中繁殖而导致腐败。完全无菌的包装一般用于医药产品，其技术要求很高。

无菌包装材料是以食品专用纸板作为基料的包装系统，由聚乙烯、纸、铝箔等复合而成。市场上常见的纸塑铝复合无菌包装材料的原材料包括纸板、聚乙烯、铝箔和油墨，利用共挤技术生产的三层、五层、七层保鲜膜也是其重要的原材料。

五、防霉包装

防霉包装是为了防止霉菌侵袭内装物导致发霉，影响产品质量，而采取一定防护措施的包装方法。霉菌的生命活动与营养物质、温度、湿度、氧气、pH 值等密切相关，绝大多数产品及其包装所使用的材料，都具有霉菌生长所需的营养物质，若是环境条件适合，霉菌就会大量生长。但是，只要控制与霉菌生命活动有关的任一因素，霉菌的生长就会受到极大的抑制，也就不能危害产品。常用的防霉包装方法有以下几种：

（1）药剂防霉包装。药剂能杀灭和抑制霉菌，其机理主要是使菌体蛋白质变性、沉淀、凝固，有的能影响菌体的代谢，有的能降低菌体表面张力，使细胞破裂或溶解。通常称这类药剂为防霉剂。常用的防霉剂有百菌清、多菌灵、灭菌丹、菌霉净、尼泊金醋类、苯甲酸及其钠盐等。

（2）气相防霉包装。气相防霉包装是利用气相防霉剂挥发的气体直接与霉菌作用杀死或抑制霉菌，以起到防霉效果。常用的气相防霉剂有多聚甲醛、环氧乙烷等。

（3）降氧防霉包装。降氧防霉包装是降低产品所处环境中的氧气浓度，以抑制霉菌生长的防霉包装。降氧防霉包装是在包装内充入氮气或二氧化碳气体，当空间中二氧化碳浓度为 10%～14% 时，对霉菌有抑制作用，浓度超过 40% 时，即可杀死多数霉菌。

（4）低温防霉包装。在低温环境下，霉菌的活动受到极大抑制，甚至死亡。温度越低，持续时间越长，防霉效果越好。低温分冷藏和冷冻两种，冷藏温度一般为 3～5℃，在此温度下，霉菌生长受到极大抑制，但并非死亡，适用于含水量大且不耐冷冻的食品，如水果、蔬菜等。冷冻温度在 −12℃ 以下甚至更低，在此温度下，霉菌会被有效灭杀。

六、集合包装

集合包装具有提高港口装卸效率、减轻劳动强度、节省装运费用、保护货物、减少损耗和促进货物包装标准化等优点。集合包装主要有集装袋、集装箱、托盘三种类型。

1．集装袋

集装袋是指用塑料重叠丝编织成的包装。其优点是重量轻、柔软、可折叠、体积小、装载重量大，每袋可装载 1 ～ 4t 的货物，并能重复使用。

2．集装箱

集装箱是用钢材、铝合金板、纤维板等材料制作的装载大量货物的大型包装容器。其优点是安全、简便、迅速、节约，便于机械和自动化装卸。每个集装箱可载 5 ～ 40t 货物，常用于公路、铁路和海上远程运输。

3．托盘

托盘是使用木材、塑料、金属材料或玻璃纤维等制成的垫板，有平面式托盘、箱式托盘、立柱式托盘、滑片托盘等几种形式。有的托盘可重复使用。其优点是耐腐蚀、卫生性好、节省费用、减少商品损耗。托盘载重为 0.5 ～ 2t。

【拓展阅读】

请扫一扫活页中二维码"助学案例 5-4：最新包装技术"，进一步了解包装技术相关知识。

■ 技能训练 ■

技能训练 5-3：包装技术我来说

步骤 1：按照教师要求进行动态分组，每组选出组长和记录员。

步骤 2：各小组整理包装技术文字和图片材料。

步骤 3：各小组轮流发布题目并抢答竞答。

步骤 4：完成评价打分（见表 5-3）。

表 5-3　技能训练 5-3 评价表

技能训练	评价项目	分值	评价			合计（100%）
			本组自评（20%）	小组互评（30%）	教师评价（50%）	
5-3	出题数量达到标准	10				
	出题质量无明显问题	10				
	本组竞答分数	60				
	小组成员参与度高	20				
小计						

学习单元四　包装标志

学习导入

为了确保货物交接顺利进行，防止错发错运，提高识别度，并方便运输、仓储和海关等有关部门进行查验等工作，帮助收货人提取货物，货物的外包装上通常会印刷包装标志。在本单元，我们将陪伴小空一起学习包装标志的作用、类型，以及常见包装标志。

知识内容

货物包装标志主要是指货物运输包装标志，是指按规定在包装上印刷、粘贴或书写文字、数字、图形以及特定记号和说明事项等。包装标志便于识别货物，也为运输、仓储等部门工作和收货人收货提供了便利，对保证安全储运、减少运转差错、加速货物流通有重要作用。运输包装标志可分为收发货标志、包装储运图示标志和危险货物包装标志。

一、货物包装标记

包装标记是指根据货物本身的特征用文字和阿拉伯数字等在包装上标明规定的记号。

1．一般包装标记

一般包装标记也称为一般描述性包装标记、包装基本标记，即在包装上写明货物的名称、规格、型号、计量单位、数量（毛重、净重、皮重）、长、宽、高、尺寸、出厂时间等信息。对于使用时效性较强的货物，还要注明成分、储存期或保质期。

2．表示收发货地点和单位的标记

表示收发货地点和单位的标记，通常也称唛头，是注明货物起运地点、到达地点和收发货单位信息的文字记号，反映的内容是收发货具体地点（包括收货人地点、发货人地点、收货站或港、发货站或港等）以及收发货单位的全称。

3．标牌标记

标牌标记是指在货物包装上钉打或粘贴的标识牌，用于说明商品性质特征、规格、质量、产品批号、生产厂家等信息。标牌标记应放置在包装的显著位置。

4．等级标记

等级标记是用来说明商品质量等级的记号，常用"一等品""二等品""优质产品""获××奖产品"等字样。

二、收发货标志

1．收发货标志的含义

国家标准《运输包装收发货标志》（GB/T 6388—1986）对收发货标志的定义是：外包装件上的商品分类图示标志及其他标志和其他的文字说明排列格式的总称为收发货标志。运输包装收发货标志是为在物流过程中辨认货物而采用的。它对物流管理中收发货、入库以及装车配船等环节起着特别重要的作用。它也是发货单据、运输保险文件以及贸易合同中有关标志事项的基本部分。

2．收发货标志的内容

运输包装收发货标志的内容见表 5-4。

表 5-4　运输包装收发货标志的内容

序号	项目			含义
	代号	中文	英文	
1	FL	商品分类图示标志	CLASSIFICATION MARKS	表明商品类别的特定符号
2	GH	供货号	CONTRACT No.	供应该批货物的供货清单号码（出口商品用合同号码）
3	HH	货号	ART No.	商品顺序编号，以便出入库、收发货登记和核定商品价格
4	PG	品名规格	SPECIFICATIONS	商品名称或代号，标明单一商品的规格、型号、尺寸、花色等
5	SL	数量	QUANTITY	包装容器内含商品的数量
6	ZL	重量（毛重）（净重）	GROSS WT　NET WT	包装件的重量（kg），包括毛重和净重
7	CQ	生产日期	DATE OF PRODUCTION	产品生产的年、月、日
8	CC	生产工厂	MANUFACTURER	生产该产品的工厂名称
9	TJ	体积	VOLUME	包装件的外径尺寸长（cm）×宽（cm）×高（cm）=体积（cm³）
10	XQ	有效期限	TERM OF VALIDITY	商品有效期至×年×月
11	SH	收货地点和单位	PLACE OF DESTINATION AND CONSIGNEE	货物到达站、港和某单位（人）收（可用贴签或涂写）
12	FH	发货单位	CONSIGNOR	发货单位（人）
13	YH	运输号码	SHIPPING No.	运输单号码
14	JS	发运件数	SHIPPING PIECES	发运的件数
说明	①分类标志一定要有，其他各项合理选用 ②外贸出口商品根据国外客户要求，以中、外文对照，印制相应的标志和附加标志 ③国内销售的商品包装上不填英文项目			

3．商品分类图示标志

商品分类图示标志是指按照国家统计目录分类，用几何图形和简单文字标明商品类别的特定符号，见表 5-5。对于商品分类图示标志的尺寸，国家标准《运输包装收发货标志》（GB/T 6388—1986）有明确的规定，见表 5-6。

表 5-5　商品分类图示标志图形

商品类型	图形	商品类型	图形
百货类	襄	医药类	医
文化用品类	文化	食品类	食品
五金类	五金	农副产品类	农副产品
交电类	交电	农药类	农药
化工类	华丰	化肥类	化肥
针纺类	针纺	机械类	机械

表 5-6　商品分类图示标志尺寸　　　　　　　　　　　　单位：mm

包装件高度（袋按长度）	分类图案尺寸	图形的具体参数		备注
		外框线宽	内框线宽	
500 及以下	50×50	1	2	平视距离 5m，包装标志清晰可见
500～1000	80×80	1	2	
1000 以上	100×100	1	2	平视距离 10m，包装标志清晰可见

4．收发货标志的颜色

（1）纸箱、纸袋、塑料袋、钙塑箱，根据商品类型按表 5-7 规定的颜色用单色印刷。

表 5-7　收发货标志的颜色

商品类型	颜色	商品类型	颜色
百货类	红色	医药类	红色
文化用品类	红色	食品类	绿色
五金类	黑色	农副产品类	绿色
交电类	黑色	农药类	黑色
化工类	黑色	化肥类	黑色
针纺类	绿色	机械类	黑色

（2）麻袋布袋用绿色或黑色印刷，木箱、木桶不分类别，一律用黑色印刷；铁桶用黑、红、绿、蓝底印白字，灰底印黑字；表内未包括的其他商品，包装标志的颜色按其属性归类。

5．收发货标志的字体

收发货标志的全部内容，中文都用仿宋体字，代号用汉语拼音大写字母；数码用阿拉伯数码；英文用大写的拉丁文字母。标志必须清晰、醒目，不脱落，不褪色。

6．收发货标志的方式

运输包装收发货标志按照包装容器不同等需要，可以采用印刷、刷写、粘贴、拴挂等方式。

（1）印刷。适用于纸箱、纸袋、钙塑箱、塑料袋。在包装容器制造过程中，将需要的项目按标志颜色的规定印刷在包装容器上。有些不固定的文字和数字在商品出厂和发运时填写。

（2）刷写。适用于木箱、桶、麻袋、布袋、塑料编织袋。利用印模、镂模、按标志颜色规定涂写在包装容器上。要求醒目、牢固。

（3）粘贴。对于不固定的标志，如在收货单位和到达站需要临时确定的情况下，先将需要的项目印刷在 $60g/m^2$ 以上的白纸或牛皮纸上，然后粘贴在包装件有关栏目内。

（4）拴挂。对于不便印刷、刷写的运输包装件筐、袋、捆扎件，将需要的项目印刷在不低于 $120g/m^2$ 的牛皮纸或布、塑料薄膜、金属片上，拴挂在包装件上（不得用于商品出口包装）。

三、包装储运图示标志

《包装储运图示标志》（GB/T 191—2008）规定了包装储运图示标志（以下简称标志）的名称、图形符号、尺寸、颜色及应用方法，适用于各种货物的运输包装。

1．标志名称及图形符号

标志由图形符号、名称及外框线组成，共 17 种，见表 5-8。

表 5-8　标志名称及图形符号

序号	标志名称	图形符号	含义	说明及示例
1	易碎物品		表明运输包装件内装易碎物品，搬运时应小心轻放	使用示例：
2	禁用手钩		表明搬运运输包装件时禁用手钩	

（续）

序号	标志名称	图形符号	含义	说明及示例
3	向上		表明该运输包装件在运输时应竖直向上	使用示例： a）　　b） c）
4	怕晒		表明该运输包装件不能直接照晒	
5	怕辐射		表明该物品一旦受辐射会变质或损坏	
6	怕雨		表明该运输包装件怕雨淋	
7	重心		表明该包装件的重心位置，便于起吊	使用示例：
8	禁止翻滚		表明搬运时不能翻滚该运输包装件	
9	此面禁用手推车		表明搬运货物时此面禁止放在手推车上	
10	禁用叉车		表明不能用升降叉车搬运的包装件	
11	由此夹起		表明搬运货物时可用夹持的面	
12	此处不能卡夹		表明搬运货物时不能用夹持的面	
13	堆码质量极限		表明该运输包装件所能承受的最大质量极限	

（续）

序号	标志名称	图形符号	含义	说明及示例
14	堆码层数极限	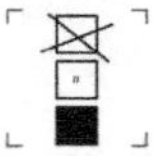	表明可堆码相同运输包装件的最大层数	包含该包装件，n 表示从底层到顶层的总层数
15	禁止堆码		表明该包装件只能单层放置	
16	由此吊起	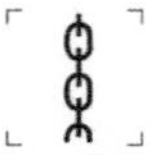	表明起吊货物时挂绳索的位置	使用示例： 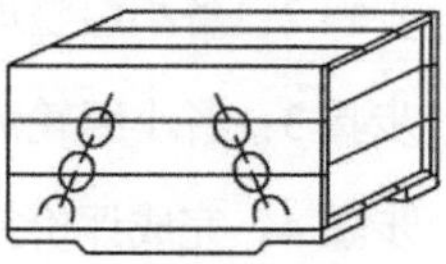
17	温度极限		表明该运输包装件应该保持的温度范围	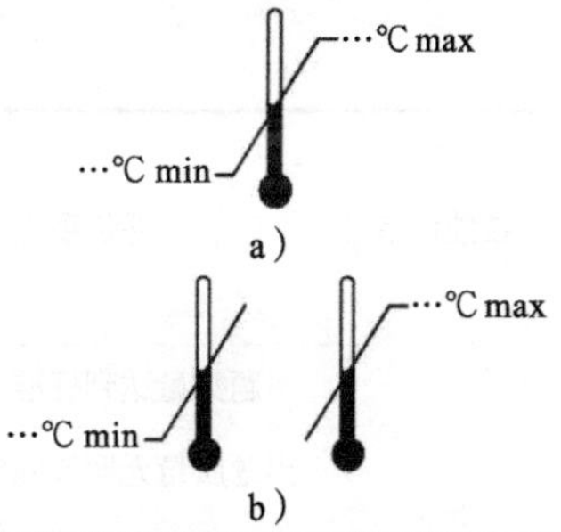

【拓展阅读】

请扫一扫活页中二维码"助学案例 5-5：包装储运图示标志"，进一步了解国家标准《包装储运图示标志》相关规定。

2. 标志尺寸和颜色

（1）标志尺寸。标志外框为长方形，其中图形符号外框为正方形，尺寸一般分为四种，见表 5-9。如果包装尺寸过大或过小，可等比例放大或缩小。

表 5-9　图形符号及标志外框尺寸　　　　　单位：mm

序号	图形符号外框尺寸	标志外框尺寸
1	50×50	50×70
2	100×100	100×140
3	150×150	150×210
4	200×200	200×280

（2）标志颜色。标志颜色一般为黑色。如果包装的颜色使得标志显得不清晰，则应在印刷面上用适当的对比色，黑色标志最好以白色作为标志的底色。必要时，标志也可使用其他颜色，

除非另有规定，一般应避免采用红色、橙色或黄色，以避免同危险品标志相混淆。

▪ **技能训练** ▪

技能训练5-4：包装标志连连看

步骤1：按照教师要求进行动态分组，每组选出组长和记录员。

步骤2：各小组整理包装标志的文字和图片材料。

步骤3：各小组轮流发布题目并竞答。

步骤4：完成评价打分（见表5-10）。

表5-10　技能训练5-4评价表

技能训练	评价项目	分值	评价			合计（100%）
			本组自评（20%）	小组互评（30%）	教师评价（50%）	
5-4	出题数量达到标准	10				
	出题质量无明显问题	10				
	本组竞答分数	60				
	小组成员参与度高	20				
小计						

· 巩固练习 ·

一、单项选择题

1. 货物包装物上印刷条码，最主要是为了实现包装的（　　）。

   A. 保护功能　　　　B. 传递信息功能　　C. 单元化功能　　　D. 节约费用功能

2. 包装标志中百货类货物"收发标志"的颜色是（　　）。

   A. 红色　　　　　　B. 绿色　　　　　　C. 黑色　　　　　　D. 白色

3. 包装纸箱内放置珍珠棉，该技术属于（　　）。

   A. 防震技术　　　　B. 拉伸技术　　　　C. 防霉技术　　　　D. 气象技术

4. 以下属于禁用手推车标志的是（　　）。

   A. 　　B. 　　C. 　　D.

5. 盒装高温奶使用的包装技术属于（　　）。

   A. 防震技术　　　　B. 收缩技术　　　　C. 拉伸技术　　　　D. 灭菌技术

二、多项选择题

1. 纸质包装材料的特点包括（　　）。

   A. 具有优良的成型性和折叠性　　　　B. 印刷装潢适用性好

   C. 生产成本低、重量轻　　　　　　　D. 受潮牢固度下降

2. 木质包装材料的特点包括（　　）。

   A. 具有一定耐压、耐冲击能力

   B. 理化、生物稳定性好

   C. 是重型物品运输中常见包装材料

   D. 在常见包装材料中最易于印刷和装饰

3. 常用防霉包装方法包括（　　）。

   A. 药剂防霉包装　　B. 气相防霉包装　　C. 降氧防霉包装　　D. 低温防霉包装

4. 包装容器按质地分为（　　）。

   A. 硬包装　　　　　B. 半硬包装　　　　C. 通用包装　　　　D. 软包装

5. 防震包装的种类包括（　　）。

   A. 全面防震包装　　　　　　　　　　B. 部分防震包装

   C. 悬浮式防震包装　　　　　　　　　D. 灭菌包装

三、简答题

1. 简述货物包装的设计原则。

2. 简述金属包装材料的特点。

3. 简述常见的包装技术。

4. 简述运输包装收发货标志的含义。

5. 请列举几种包装储运图示标志。

四、论述题

请查阅相关资料，分析货物包装的发展趋势。

五、案例分析题

作为智能循环包装技术和服务提供商，箱箱共用为供应链上下游企业给出了行之有效的解决办法——首创"在线循环服务"，以 PaaS（Packaging as a Service，包装即服务）模式，提升了交易效率，加快了零碳循环服务普及，助推高端制造业供应链绿色低碳化转型，在散装液体、汽车配件等领域率先打造出工业包装减量化案例。

在智能循环包装 PaaS 模式中，企业无须自行购买包装，只需要承担包装服务的成本，即可根据柔性供应链管理及业务淡旺季需求，进行灵活在线下单操作。通过绿色软硬一体化的服务，不仅可以降低成本，更重要的是，实现了资源的循环利用和节能减排。

以万华化学为例，箱箱共用根据万华化学的产品特性及灌排条件，为其定制了专属智能 IBC 解决方案；并依托箱箱共用云管理平台，实现一箱多段的联动共享，即从上游原材料装运，再到下游成品发送的全链条循环。另外，箱箱共用还为其开发了自动化结算系统，实时收集智能 IBC 数据，通过"包装＋服务＋数据"一体化智能 IBC 循环方案，不仅降低了 30% 以上的总拥有成本（TCO），更协助万华构建了可持续发展的低碳绿色供应链。根据英国国家标准协会（BSI）审计核算，2020 年，万华化学通过使用箱箱共用的循环服务，相比钢桶，全年累计碳减排 682.59t CO2e。

阅读以上案例，请思考

问题 1：箱箱共用包装解决方案的主要运营模式是什么？

问题 2：该模式在物流降本增效过程中起到哪些积极的作用？

扫\码\看\答\案

请扫描项目五活页部分，观看巩固练习参考答案。

学习项目六　货物储存与养护

学习目标

知识目标

理解货物储存的内涵与作用；

熟知货物垫垛、苫盖的概念与方法；

掌握货物养护的技术与方法。

能力目标

能够根据货物特性选择合适的储存场所；

能够根据货物特性进行合理的垫垛与苫盖；

能够根据货物特性开展有效的货物养护作业。

素养目标

培养实事求是、因地制宜、精益求精的职业理念；

了解古代货物包装方法，汲取祖先智慧，激发文化认同感；

树立责任意识和担当精神，提高问题解决能力。

知识图谱

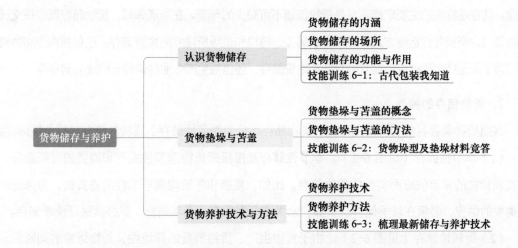

学习单元一　认识货物储存

学习导入

小空在仓库实习时发现货物和人一样，有的怕潮，有的怕热，有的怕冻。如果湿度过大，食盐容易结块、潮解；如果温度过高，香蕉很快就会出现黑斑甚至腐烂；如果温度过低，皮革又会皲裂……可见储存环境会影响货物质量的变化，甚至使货物失去使用价值。那么在货物储存中，小空需要考虑哪些因素，做好哪些工作呢？让我们陪伴小空一起来了解吧。

知识内容

一、货物储存的内涵

货物储存是指货物在生产、流通领域中的暂时停滞和存放过程。它以保证货物流通和再生产过程的需要为限度。货物储存通过自身的不断循环，充分发挥协调货物产、销矛盾的功能，成为促进货物流通以至整个社会再生产不可缺少的重要条件。

1．货物储存的含义

储存是指货物在从生产地向消费地转移的过程中，在一定地点、一定场所和一定时间所经历的停滞。货物在流通领域中的暂时停滞过程，就是货物储存。储存是物流的一种运动状态，是货物流转中的一种作业方式，在此过程中会对货物进行检验、保管、加工、集散、转换运输方式等多种作业。储存是物流的主要职能，又是货物流通不可缺少的环节。在流通领域，货物储存既包括交通运输部门为衔接各种运输方式，在车站、码头、港口和机场所建立的物资储存，也包括商业和物资部门为了保证销售和供应而建立的货物和物资储存，还包括生产企业待销待运的成品储存等。

2．货物储存的种类

按照货物储存目的和作用的不同，货物储存可分为季节性储存、周转性储存和储备性储存。

（1）季节性储存（见图6-1）。季节性储存是指根据货物季节性生产和消费的时间差异，为实现货物的常年供应而实行的货物储存。比如，夏装和冬装均属季节性消费货物，为保证旺季消费的供应，必须在淡季储存。又如，水果在旺季生产，全年消费，就必须保证淡季储存。

（2）周转性储存（见图6-2）。由于货物生产、货物消费的异地性，货物运输的间断性，为实现货物消费，完成货物空间位置的转移，保证货物市场均衡供应，在流通领域中实施的货物储存称为周转性储存。

（3）储备性储存（见图6-3）。为了适应战备、自然灾害和应急需要的物资储存称为储备性储存。储备性储存的物资大部分是关系国计民生的重要物资，如粮食、化肥、棉花等。

图6-1　季节性储存

图6-2　周转性储存

图6-3　储备性储存

3．货物储存的基本要求

任何货物，只要它不是从生产领域直接进入生产消费和个人消费领域，就一定有间歇时间。换言之，只要货物不是从采购直接销售给客户，就有货物储存。货物储存管理的目标就是要尽量提高仓库利用率，减少货物出入库时间，做好货物养护，节约储存费用。

储存货物的保管与养护就是要遵照货物保管的操作规程和技术要求，合理使用仓容，做好货物堆码、苫垫、检查、养护、保管等一系列工作。

（1）科学地确定货物存放地点。货物的存放要根据货物的性能、种类、品种、规格等要求进行，应遵守以下规定：严禁危险品和一般货物、毒品和食品混存，性能互相抵触、互相串味的货物不能混合存放；要便于寻找检查；便于进行货物养护；便于仓库业务操作；便于储存货物的先进先出。

（2）合理使用仓容。要最大限度地符合货物存放规定，科学、合理地利用仓容。仓容是指仓库能够用于堆放货物的容量，由仓库的面积和高度或载重量构成。

（3）实行分区分类、货位编号的管理方法。为了遵循货物存放地点的规定并合理存放货物，必须根据货物的自然属性和仓库的建筑设备条件，采取仓库分区管理，货物分类存放，并且按顺序编号。仓库分区管理就是以库存、货棚、货场为单位，将货物存放场所分为若干货区，货区按顺序编号，分区管理。货物分类管理就是根据货物大类和性能等将货物划分为若干类别，分类集中保管。分区分类、货位编号如图6-4所示。

图6-4　分区分类、货位编号

（4）科学堆码货物。为了维护货物、人身和设备安全，便于仓库作业、数量清点、先进先出、质量检查和货物养护，堆码货物时，必须根据货物的性能、包装形状和仓库设备条件，选择合理的垛形，并在安全、方便、节约的原则下合理堆放，增加单位面积货物的储存量。

（5）正确使用苫垫。苫垫是指对堆码成垛的货物上苫下垫。上苫即苫盖，是货物货垛的遮盖物，在露天货场可保护堆码的货物避免受到日晒雨淋和风露冰雪的侵蚀；在库房或货棚内，可为堆码的货物遮光防尘，隔离潮气。下垫即垫底，是指货垛底层的物料铺垫，可隔离地面潮湿，便于通风，防止货物受潮霉变、生虫。

（6）建立货物保管账卡（见图6-5）。为了加强库存货物的管理，及时了解所储货物的数量动态，防止出现差错，必须建立货物保管账卡。货物保管账卡的内容包括收发货日期、品名、凭单号码、入库数、出库数、结存数、货物堆存货位等。货物保管账卡用于记录所储货物的数量动态，必须真实反映库存货物情况，便于仓库清查、盘点，通常一货一卡，悬挂在货垛或货架明显处。

图6-5　货物保管账卡

（7）做好货物养护。入库货物，完成堆垛，建立货位卡片后就进入储存阶段，在保管时，应对所储货物进行保养和维护，贯彻"以防为主，防治结合"的方法，维护货物的绝对安全。货物养护的主要措施有：根据所储货物对温湿度的要求，严格控制库房内的温湿度；保持仓库内外的清洁卫生，控制灰尘、杂草等不良环境影响货物质量；彻底消毒灭菌，堵塞洞隙，防止虫蚁滋生，杜绝鼠害；做好库存货物的检查工作；注意搬运、堆码等技术操作安全，防止倒塌、破损、泄漏，防止发生人为事故。

【知识强化】

请扫一扫活页中二维码"导学视频6-1：货物的堆码"，深入理解货物堆码的含义及类别。

二、货物储存的场所

1. 仓库的概念

仓库是指保管、储存货物的建筑物和场所，如库房、货棚、货场等。现代仓库的设计，不仅仅为了储存，还更多地考虑经营上的收益。因此，现代仓库从运输周转、储存方式和建筑设计上都重视通道的合理布置，物品的分布方式和堆积的最大高度，并配置经济有效的机械化、自动化存取设施，同时借助信息化管理系统平台，以提高储存能力和工作效率。

2．仓库的分类

（1）按照仓库的用途分为自营仓库、营业仓库、公共仓库、保税仓库、储备仓库。

1）自营仓库是指生产或流通企业为经营需要而建设的附属仓库，完全用于存储本企业的货物（原料、半成品和产成品）。

2）营业仓库是指按照仓库业管理条例取得营业许可证，为经营储运业务而修建的仓库，它以提供货物仓储服务和仓储场地服务为经营手段，以收取仓储费为盈利目的。

3）公共仓库是国家或公共团体为了公共利益而建设的仓库，即与公共事业配套服务的仓库，如机场、港口、铁路货场等。

4）保税仓库是指根据有关法律和进出口贸易的规定取得许可证、专门保管国外进口而暂未纳税的进出口货物的仓库，它适用于存放供来料加工、进料加工复出口的料、件；经过海关批准，可以在保税仓库内对货物进行加工、存储等作业。

5）储备仓库由国家设置，用于保管国家的应急物资和战备物资。物资在这类仓库中储存时间一般比较长，并且储存的物资会定期更新，以保证物资的质量。

（2）按照仓库的保管条件分为通用仓库和专用仓库。

1）通用仓库用于储存没有特殊要求的货物。这类仓库技术设施比较简单，仅有进出、装卸、搬运、商品养护、安全防火等一般性设备，而无保温、冷藏、气调、防毒等特殊性装备。只能储存物理、化学及生物性能比较稳定、彼此互不干扰的商品，如百货、针织品、五金、医疗器械、土产品等。

2）专用仓库是专门用于储存某一类货物的仓库，这类货物可能数量较多，或具有特殊性质，或可能对共同储存的货物产生不良影响。例如，冷藏仓库、恒温仓库、危险品仓库等。

（3）按照仓库的构造分为单层仓库、多层仓库和立体仓库。

1）单层仓库的仓库建筑物是平房，其结构简单，有效高度一般不超过 6m。

2）多层仓库是指占地面积小，具有多层结构的仓库。

3）立体仓库是指利用高层货架来储存货物的仓库。在立体仓库中，由于货架一般比较高，货物的存取需要采用与之配套的机械化、自动化设备。

仓库的分类如图 6-6 所示。

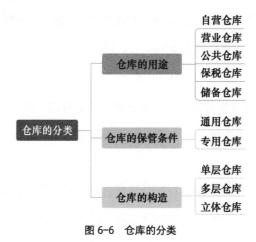

图 6-6　仓库的分类

3．仓库的功能区

仓库的功能区一般包括仓库作业区、辅助作业区、行政办公区，还包括铁路专用线和库内道路。

仓库作业区是货物的主要储存区域，主要有入库区域、高位货架区、就地堆存区、分拣理货区、拣选区、出库区域。在每个区域内配备一定数量的仓库设备与设施。在该区域里，主要进行货物的入库、检验、保管、包装、分类、整理等仓库作业活动。随着物流信息化和智能化的发展，仓库的设备设施向自动化、智能化、一体化的方向发展。

辅助作业区主要是为仓储主营业务提供各类服务。在辅助作业区里，主要进行设备设施的维修和检查，各种物料和机械的存放等。

行政办公区主要是为仓储主营业务提供管理和行政支持。行政办公区域包括各个职能部门的办公场所，以及企业人员召开会议、举办活动、对外接待的场所，是与作业区分离的。

4．仓库货物储存的条件

货物储存的条件是指仓库里的设备设施条件、温湿度条件、卫生条件和安全条件等。对于自动化立体仓库来说，设备设施由自动化立体仓库系统组成，该系统主要包括货架、传输设备、存储设备、堆垛机、控制系统、通信系统、计算机管理监控系统等组成部分。自动化立体仓库系统能够按照指令自动完成货物的存取，并能对库存货物进行自动管理，完全实现自动化作业。仓库的储存区域应该保证通风、干燥，温度和湿度要符合存储货物特性的要求，卫生整洁、无虫害，仓库的安防措施严密，库内的操作制度完备，以保证储存货物的质量。

三、货物储存的功能与作用

1．货物储存的功能

储存的主要任务是对流通中的货物进行检验、保管、加工、集散和转换运输方式，旨在解决供需之间和不同运输方式之间的矛盾。它提供了场所价值和时间效益，使货物的所有权和使用价值得到保护，同时加速货物流转，提高物流效率和质量，从而增加社会效益。储存的功能包括以下几个方面。

（1）调节功能。储存在物流中起着"蓄水池"的作用，一方面可以调节生产与消费、销售与消费的关系，使它们在时间和空间上得到协调，保证社会再生产的顺利进行；另一方面，还可以实现对运输的调节。因为产品从生产地向销售地流转，主要依靠运输完成，但不同的运输方式在运向、运程、运量及运输线路和运输时间上存在着差异，一种运输方式一般不能直达目的地，需要在中途改变运输方式、运输线路、运输规模、运输方法和运输工具。为了协调运输时间和完成产品倒装、转运、分装、集装等物流作业，产品需要在运输的中途停留，即储存。

（2）检验功能。在物流过程中，为了保障货物的数量和质量准确无误，分清责任事故，维护各方的经济利益，必须对货物及有关事项进行检验，以满足生产、运输、销售以及用户的要求。储存为货物检验提供了场地和条件。

（3）集散功能。储存把生产单位的产品汇集起来，形成规模，然后根据需要分散发送到消费地。通过一集一散，衔接产需，均衡运输，提高物流速度。

（4）配送功能。根据用户的需要，对货物进行分拣、组配、包装和配发等作业，并将配好的货物送货上门。配送功能是储存保管功能的外延，提高了储存的社会服务效能，其核心目标是确保储存货物的安全，最大限度地保持货物在储存中的使用价值，减少保管损失。

2．货物储存的作用

在物流过程中，储存的作用主要有以下几个方面。

（1）通过储存可以调节货物的时间需求，进而消除货物的价格波动。一般货物的生产和消费不可能是完全同步的，为了弥补这种不同步所带来的损失，就需要储存货物来消除这种时间性的需求波动。

（2）通过储存可以降低运输成本，提高运输效率。通过货物的储存，将运往同一地点的小批量的货物聚集成为较大的批量，然后再进行运输，到达目的地后，再分成小批量送到客户手中，这样虽然产生了储存的成本，但是可以更大限度地降低运输成本，提高运输效率。

（3）通过在消费地存储货物，可以提升客户满意度。对于企业来说，如果在货物生产出来之后，能够尽快地把货物运到目标消费区域的仓库中去，那么目标消费区域的消费者在对货物产生需求的时候，就能够尽快地得到这种货物，这样消费者的满意度就会提高，而且能够创造更佳的企业形象，为企业以后的发展打下良好的基础。

（4）通过储存可以更好地满足消费者的个性化消费需求。随着时代的发展，消费者的消费行为越来越个性化，为了更好地满足消费者的个性化消费需求，可以利用货物的储存对货物进行二次加工。

【拓展阅读】

请扫一扫活页中二维码"助学案例 6-1：中储从传统储运企业向现代物流企业转变"，进一步领悟货物储存的内涵与意义。

▶ 技能训练 ◀

技能训练 6-1：古代包装我知道

步骤 1：按照教师要求进行动态分组，每组选出组长和记录员。

步骤 2：查阅相关资料文献，了解我国古代货物包装材料及技术，填写活页任务单。

步骤 3：小组进行头脑风暴，以"古为今用"为出发点研讨古代技术的活学活用。

步骤 4：各组选派 1 名代表交流汇报。

步骤 5：完成评价打分（见表 6-1）。

表 6-1　技能训练 6-1 评价表

技能训练	评价项目	分值	评价			合计（100%）
			本组自评（20%）	小组互评（30%）	教师评价（50%）	
6-1	能够正确填写表格	50				
	能够小组头脑风暴研讨	30				
	能够清晰分享小组观点	20				
小计						

学习导入

小空将货物验收完毕后，按照入库作业计划安排好的货位开始进行货物的堆码入库。师傅要求他根据保管场所的实际情况、货物本身的特点和仓储作业的要求做好垫垛和苫盖。为什么需要对货垛进行垫垛和苫盖？如何做好科学有效的垫垛与苫盖？小空陷入了沉思。下面让我们陪伴小空一起去了解货物垫垛与苫盖的相关知识和技能吧。

知识内容

一、货物垫垛与苫盖的概念

货物垫垛与苫盖是为了防止各种自然因素对储存货物质量造成影响的一种措施，货物在堆垛时一般都需要苫垫，即把货垛垫高，对货物进行苫盖，只有这样才能使货物避免受潮、淋雨、曝晒等，保证储存、养护货物的质量。

1. 垫垛

垫垛（见图 6-7）是指货物在堆垛前，按垛型的大小和重量，在垛下安放垫高物料，从而可使货物隔离地面潮湿，便于通风，防止货物受潮霉变、生虫。垫垛的材料一般采用专门制作的水泥墩或石墩、枕木、废钢轨、货架板、木板、芦席、帆布及防潮纸、塑料薄膜等。为节省木材，尽量利用水泥预制件或钢轨等代替木材。

图 6-7 货物垫垛

2. 苫盖

露天货场存放的货物在垫垛以后，一般还应进行妥善的苫盖（见图 6-8），即采用专用苫盖材料对货垛进行遮盖，以减少自然环境中的阳光、雨雪、强风、尘土等对货物的侵蚀、损害，并使货物由于自身理化性质所造成的自然损耗尽可能减少，保护货物在储存期间的质量。而需苫盖的

图 6-8 货物苫盖

货物在堆垛时，要注意选择和堆成可以苫盖的垛型，一般屋脊型的堆垛容易苫盖。

二、货物垫垛与苫盖的方法

1. 货物垫垛

（1）垫垛的基本要求。

1）所使用的衬垫物不会与拟存货物发生不良影响，具有足够的抗压强度。

2）地面要平整坚实，衬垫物要摆平放正，并保持同一方向。

3）衬垫物间距适当，直接接触货物的衬垫面积与货垛底面积相同，垫物不伸出货垛外。

4）要有足够的高度，露天货垛要达到 0.3～0.5m，库房内 0.2m 即可。

（2）垫垛的方法。

1）码架式。即采用若干个码架，拼成所需货垛底面积的大小和形状，以备堆垛。码架是用垫木作为脚，上面钉着木条或木板的构架，专门用于垫垛。码架规格不一，常见的有：长 2m、宽 1m、高 0.2m 或 0.1m。不同储存条件，所需码架的高度不同：楼上库房使用的码架，高度一般为 0.1m；平库房使用的码架，高度一般为 0.2m；货棚、货场使用的码架，高度一般在 0.3～0.5m。

2）垫木式。即采用规格相同的若干根枕木或垫石，按货位的大小、形状排列，作为垛垫。枕木和垫石一般都是长方体的，其宽度和高度相等，约为 0.2m。枕木较长，约 2m；而垫石较短，约 0.3m。这种垫垛方法的最大优点是，拼拆方便，不用时可以节省储存空间。这种方式适用于底层库房及货棚、货场垫垛。

3）防潮纸式。即在垛底铺上一张防潮纸作为垛垫。常用的防潮纸有芦席、油毡、塑料薄膜等。这种方式适用于地面干燥的库房，同时储存的货物对通风要求不高的情况。在垛底垫一层防潮纸可有效防潮。

此外，若采用货架存货，或采用自动化立体仓库的高层货架存货，则货垛下面可以不用垫垛。

（3）垫垛物数量的确定。确定衬垫物的数量时，除考虑将压强分散至仓库地坪载荷的限度之内，还需要考虑库用消耗材料所产生的成本。因此，需要确定使压强小于地坪载荷的最少衬垫物数量。计算公式为

$$n=\frac{Q_m}{lwq-Q_\text{自}}$$

式中，n 为衬垫物数量；Q_m 为物品重量；l 为衬垫物长度；w 为衬垫物宽度；q 为仓库地坪载荷；

$Q_自$为衬垫物自重。

想一想:

某仓库内要存放一台自重30t的设备,该设备底架为两条 2m×0.2m 的钢架。该仓库地坪承载能力为 $3t/m^2$,请问是否需要垫垛?如需垫垛,现有 2m×1.5m、自重0.5t 的钢板,如何垫垛?

【拓展阅读】

请扫一扫活页中二维码"助学案例6-2:制定垫垛方案",获取垫垛的解决方案。

2.货物苫盖

(1)苫盖材料。苫盖材料种类繁多,常见的有铁皮铁瓦、玻璃钢瓦、席子、油毡布、油毡纸、塑料布、塑料瓦、苫布等。为了节约成本,仓库应尽量利用旧包装铁皮改制成苫盖材料。苫布价值较高,只适合临时使用。一般的仓库多使用席子和油毡纸做苫盖材料。需要长时期苫盖的货垛,可采用两层席子中间加一层油毡纸的结构,按照适当规格预制成苫瓦,使用时方便,拆垛后还可以再次利用。

(2)苫盖的要求。苫盖的目的是给货物遮阳、避雨、挡风、防尘,需要做好以下几点。

1)选择合适的苫盖材料。选用防火、无害的安全苫盖材料;确保苫盖材料不会与货物发生不利影响;成本低廉,不易损坏,能重复使用,没有破损和霉烂。

2)苫盖牢固。每张苫盖材料都需要牢固固定,必要时在苫盖物外用绳索、绳网绑扎或者采用重物压盖,确保刮风时不被掀开。

3)苫盖的接口要有一定深度的互相叠盖,不能迎风叠口或留有空隙;苫盖必须拉挺、平整,不得有折叠和凹陷,防止积水。

4)苫盖的底部与垫垛平齐,不腾空或拖地,并牢固地绑扎在垫垛外侧或地面的绳桩上,衬垫材料不露出垛外,以防雨水顺延渗入垛内。

5)使用旧的苫盖物时或在雨水丰沛的季节,垛顶或者风口需要加层苫盖,确保雨淋不透。

(3)苫盖方法。

1)垛形苫盖法(见图6-9)。根据货垛的形状进行适当的苫盖,适用于屋脊形货垛、方形货垛及大件包装货物的苫盖,常使用塑料布、苫布、席子等。

2）鱼鳞苫盖法（见图6-10）。即用席子、苫布等苫盖材料，自下而上、层层压茬围盖的一种苫盖方法，因为从外形看酷似鱼鳞，故称鱼鳞苫盖法，适用于怕雨淋、日晒的货物。若货物还需要通风透气的储存条件，可将席子、苫布等苫盖材料的下端反卷起来，以便串气流通。

图6-9 垛形苫盖法

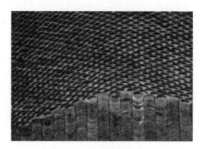
图6-10 鱼鳞苫盖法

3）隔离苫盖法（见图6-11）。即用竹竿、钢管、旧苇席等材料在货垛四周及垛顶隔开一定空间打起框架进行苫盖的方法。这种方法既能防雨，又能隔热。

4）活动棚架苫盖法（见图6-12）。即根据常用的垛形制成棚架，棚架下还装有滑轮可以推动。活动棚架在需要时可以拼搭并放置在货垛上用作苫盖，不需要时则可以拆除以节省空间。

图6-11 隔离苫盖法

图6-12 活动棚架苫盖法

▶ 技能训练 ◀

技能训练6-2：货物垛型及垫垛材料竞答

步骤1：按照教师要求进行动态分组，每组选出出题人和记录员。

步骤2：各小组分别查找各类垛型及垫垛材料的图片。

步骤3：每个小组依次由出题人轮流发题（发照片）。

步骤4：发题小组发题并发布口令后，其他小组开始竞答。

步骤5：最先抢得竞答权并答对的小组得3分，弃权得1分，未答对得 –1 分。

步骤6：依次完成多轮。

步骤 7：完成评价打分（见表 6-2）。

表 6-2　技能训练 6-2 评价表

技能训练	评价项目	分值	评价			合计（100%）
			本组自评（20%）	小组互评（30%）	教师评价（50%）	
6-2	计分结果	60				
	发题照片与结果合理性	20				
	小组成员参与度	20				
小计						

学习单元三　货物养护技术与方法

✈ 学习导入

日常生活中人们所熟悉的烟酒糖茶、服装鞋帽、医药用品、家用电器以及成千上万的各类货物，有的怕潮、怕冻、怕热，还有的易燃、易爆、易挥发。因此需要针对货物不同的特点，在储存的过程中对其进行不同的保管、维护。在实习中，小空看到师傅和其他前辈同事都能够娴熟地进行货物养护，也想尽快上手工作。我们陪伴小空一起熟悉货物养护的技术与方法吧。

✈ 知识内容

货物养护是指在储存过程中对货物所进行的保养和维护。从广义上说，货物从离开生产领域而未进入消费领域这段时间里的保养与维护工作，都称为货物养护。

货物养护的目的在于维护货物的质量，保护货物的使用价值。货物养护的基本任务是面向库存货物，根据库存数量、发生质量变化速度、危害程度、季节变化，按轻重缓急分别研究制定相应的技术措施，使货物质量不变，以求最大限度地避免和减少货物损失，降低保管损耗。

随着我国物流业的蓬勃发展，仓库储存货物的数量不断增加，品种将向多样化发展；同时随着科学技术的发展和科技水平的提高，新工艺、新材料不断涌现，这对货物养护工作提出了新的要求。因此，要搞好货物养护工作，就要不断地学习、了解各种新产品、新材料的性质，并采取新的养护技术与方法，推动货物养护科学化的进程，保证货物安全储存。

一、货物养护技术

1. 温度和湿度控制技术

温度和湿度是货物养护的关键因素。不同的货物对温湿度要求也不同，因此应根据货物的特性进行相应的调整。在仓储环节中，合理的温湿度控制可以减少货物腐败、霉变、变质等情况的发生，从而减少货物的损失。

（1）温度控制。货物的安全温度一般在 0 ~ 30℃之间。超过此范围，货物容易变质或者品质下降。对于需要冷藏的货物（如药品、食品等），应该采取适当的冷藏控制措施，确保货物温度保持在 0 ~ 8℃之间。

（2）湿度控制。湿度会对一些货物产生一定的影响，如造纸品、纤维制品、木材制品等会因为湿度过高而受到损害，而一些刺激性物质、药品等则需要保持一定的湿度，以避免其过快蒸发或挥发。在通常情况下，货物的适宜湿度范围在 50% ～ 70% 之间，最好不要低于 30% 或高于 80%。

2．通风保持技术

通风是货物保持新鲜度的重要手段，通过通风可以降低仓库内的温度和湿度并减少霉变、腐烂等问题。同时还可以排除污浊空气，保持室内空气的清新，提高货物品质。

3．光照管理技术

光照是货物养护的重要因素。光线对许多货物具有影响，如鲜花、水果、蔬菜等长时间暴露在阳光下就很容易变质。对于需要避免暴晒的货物，可以使用遮光帘等来屏蔽阳光。与此同时，某些货物需要保持一定的光线透过性，如药品和化妆品等，应该放置在明亮的仓库里保证原有货物的颜色和润度。

4．包装保护技术

包装保护技术在易碎、易损货物的保管养护中发挥至关重要的作用。合理的包装可以避免货物受到损伤和碰撞。同时，包装能够让货物保持干燥、无尘、安全，防止货物受到污染或腐败的影响。因此，在货物存放过程中，需要协调生产商，以物品的特性为基础选择合适的包装材料，尽可能避免碰撞、挤压，减少货物质量的损失。

5．安全控制技术

货物的安全控制应放在首要位置。应根据仓库安全管理要求，采取有效措施保证货物安全，包括消防、防盗、防水、防电等方面。货物存储需要注意防火、防盗等，储物区的安全也要保证。

【知识强化】

请扫一扫活页中二维码"导学视频 6-2：货物养护技术与方法"，深入理解养护工作的重要意义。

二、货物养护方法

1．防霉腐的方法

物资在储藏的过程中发生霉变，主要是由于不同微生物以物资本身所含的某些物质为其繁殖生长的营养源，同时又有适宜其生长繁殖的环境因素造成的。防治物资的霉腐，应该坚持"以防为主、防治结合"的方针，通过创造不利于微生物生长发育的条件或者抑制其生长的方法，以达到防霉腐的目的。

（1）物资霉腐预防。

1）温控防霉法。温控法即通过调节、控制仓库内温度进行物资霉腐预防的方法。常用的提高温度防霉腐的方法是利用日光暴晒或在库房内安装紫外线灯定期照射（见图6-13），进行环境消毒防霉。

2）湿控防霉法。湿控法是通过调控仓库内湿度进行物资霉腐预防的方法。通过控制空气的湿度，可直接影响微生物体内水分含量，使其不断失去体内水分，从而达到抑制其生长的目的。对一些易发生霉腐的物资，企业可以通过通风、摊晾、日晒或烘烤等使水分蒸发，从而达到防霉腐的目的。

3）化学防霉法。化学法是把抑制微生物生长的化学药剂（见图6-14）放在货物或包装内进行防腐的方法。

4）除氧剂除氧防霉法。大多数易于霉变的物资所生成的各种霉菌、细菌，都需要呼吸空气中的氧才能生长繁殖。通过把易霉腐物资放在严格密封的包装内，再放入化学除氧剂（见图6-15）将氧吸收，使包装内氧浓度达到0.1%以下，可以达到防止物资发生霉腐的目的。化学除氧剂种类很多，以铁粉为主要成分的效果最好。该法主要适用于各种食品、中药材、电子元件、光学零件、精密仪器等的防霉腐，其在使用时应注意考虑包装材料必须有良好的阻氧性、一定的机械强度和良好的热塑性及热合性。

5）低温冷藏防霉腐法。低温冷藏防霉腐法是利用液态氨、天然冰或人造冰以及冰盐混合物等制冷剂降低温度，或通过将物资放置在专门的冷藏库的方式，保持储存中所需要的低温，从而进行防霉腐的方法。利用低温来降低霉腐微生物体内酶的活性，从而抑制其繁殖生长。该法一般效果良好，鲜肉、鲜鱼、鲜蛋、水果和蔬菜等多采用低温冷藏的方法进行长期保管，但应注意不同仓储物资对低温的要求不同。例如，鲜蛋最好在 −1℃ 的条件下保管；果蔬的温度要求在 0 ～ 10℃ 之间；鱼、肉等在 −28 ～ −16℃ 时可以较长期储存。

6）气相防霉腐法。气相防霉腐法是通过控制环境中空气成分的各种组分含量并结合适度的低温，让储存物品处于半休眠状态，以达到保鲜防腐的目的。例如，增加环境中的二氧化碳（CO_2）或氮气（N_2），使储藏环境的氧含量由21%降至3%，而二氧化碳含量由0.03%增加到2%以上，可抑制储存物品的呼吸作用，减少其中营养物质的消耗，阻止储存物品生成乙烯，对抗乙烯的生理作用，延缓其老化和变质的过程。该法适用于粮食、农副土特产品、中药材、副食品、果品、蔬菜以及竹木制品、皮革制品、棉、毛、丝、麻织品等。

7）物理方法。物资霉腐预防的物理方法主要有微波防霉法和辐照防霉法。

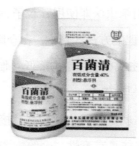

图 6-13　紫外线防霉　　　　图 6-14　化学药剂防霉　　　　图 6-15　除氧剂防霉

（2）霉腐物资救治。如果霉腐物资发现得早，可采取适当的方法进行救治。

1）去湿。物资发霉一般都是从受潮开始的，控制物资中的水分可以有效防止物资的进一步霉变。常见的去湿方法有暴晒、摊晾及烘烤三种。

2）灭菌。去除物资上的霉腐还可以从灭菌入手，杀灭了物资上的致霉微生物就能够防止物资进一步霉腐。常用的灭菌方法有药剂熏蒸灭菌、紫外线灭菌及加热灭菌三种。

3）刷霉。凡生霉物资经过上述方法处理后，物资自身水分已减少，霉菌也被杀死，可以用毛刷将物资上的霉迹刷除，从而使物资恢复本色。

2．防治害虫的方法

（1）物理防治。物理防治法是指利用各种机械设备将害虫与物资分离，或直接将害虫杀死，以达到防治虫害目的的方法。物理防治法主要分为机械除虫法、气控防虫法、温控杀虫法、诱集杀虫法及电离辐射杀虫法五种。

1）机械除虫法。机械除虫法主要是利用人工操作或动力操作的各种机械将害虫与物资分离，从而清除仓库中害虫的方法。例如，粮食仓库经常采用风车、筛子等机械设备，将害虫与粮食分离。仓库管理员组织进行机械除虫时，应在害虫活性较低的低温季节进行，且除虫地点要远离仓库，并在作业现场周围用药剂布置防虫线，以免害虫再次进入仓库。

2）气控防虫法。气控防虫法是通过改变物资储存环境中空气的成分，造成不利于害虫生长的环境条件，从而防治害虫的方法。仓库通常采用对物资堆垛进行塑料薄膜密闭造成自然缺氧或充填二氧化碳、氮气等气控措施，以达到抑制害虫生长甚至直接杀灭害虫的目的。

3）温控杀虫法。温控杀虫法是通过控制仓库温度，造成不利于害虫生长的环境，进行害虫防治的方法。温控杀虫法主要分为高温杀虫法和低温杀虫法两类。

4）诱集杀虫法。诱集杀虫法即根据仓库害虫的趋高性、群集性及趋光性等习性，将害虫诱集到一起，对其进行集中杀灭的方法。根据诱集物的不同，诱集杀虫法分为灯光诱集法、食物诱集法和其他诱集法三类。

5）电离辐射杀虫法。电离辐射杀虫法即使用 α 粒子、β 粒子、X 射线、γ 射线及加速电子等产生的电离辐射，对害虫进行处理的方法。其中，在仓库中使用最普遍的为 γ 射线。电离辐射杀虫可造成幼虫发育成畸形的成虫或成虫生殖力降低、雌雄个体不育，同时通过加大照射量，还能够使害虫体温迅速升高，最终导致死亡。

（2）化学防治法。化学防治法就是利用化学药品直接或间接地杀死害虫，其杀虫力强、防治效果显著，但由于化学药品往往具有毒性，会给物资带来不同程度的污染，长期使用还会增加害虫的抗药性。常见的化学防治法主要包括驱避剂防治法、熏蒸剂防治法及杀虫剂防治法三类。

1）驱避剂防治法。驱避剂防治法是使用驱避剂进行害虫防治的方法。驱避剂的驱虫作用是利用易发挥并具有特殊气味和毒性的固体药物，挥发出来的气体在物资周围经常保持一定浓度，从而起到驱避、毒杀仓库害虫的作用。企业中常用的驱避剂药物有精萘丸、对位二氯化苯、樟脑精等。在使用驱避剂时，应将其放入物资包装或密封货垛内，使其挥发出来的气体在物资周围经常保持一定的浓度，以消灭害虫或使害虫不敢接近。

2）熏蒸剂防治法。熏蒸剂防治法是利用熏蒸剂进行害虫防治的方法。熏蒸剂是利用挥发时所产生的蒸气毒杀有害生物的一类化学药品，它具有渗透性强、防效高、易于通风散失等特点，适合于虫害已经发生及害虫潜藏在不易发现或不易接触的地方的仓库使用。但由于其大多具有较强的毒性，因此在使用时要严格控制用量，并做好防护工作，以免发生安全事故。企业中常见的熏蒸剂有氯化苦、溴甲烷、磷化铝、二氯乙烷等。仓库冷烟雾熏蒸除虫如图 6-16 所示。

图 6-16　仓库冷烟雾熏蒸除虫

3）杀虫剂防治法。杀虫剂防治法是利用杀虫剂查杀仓库中害虫的方法。杀虫剂主要通过触杀、胃毒作用杀灭害虫，其使用时需与水配制成一定比例的溶液，然后用喷雾剂在仓库内进行喷洒。常见的杀虫剂有敌敌畏和敌百虫。杀虫剂喷洒后，应将仓库密封，然后开窗通风，待药散尽后方可进入仓库。

3．防锈蚀的方法

（1）防锈。

1）涂油防锈法。涂油防锈法是指在金属表面涂刷一层油脂，使金属表面与空气和水隔绝，以达到防锈的目的。按照防锈油在金属表面存在的状态，可以分为硬膜防锈油和软膜防锈油两种。

2）气相防锈法。气相防锈法是利用挥发性缓蚀剂在常温下会发出的缓蚀气体，阻隔腐蚀介质的腐蚀作用，从而达到防锈的目的。由于其成本较高，因此一般适用于成品或较为贵重材料的保养。

（2）除锈。

1）手工除锈。手工除锈是用简单的除锈工具，通过手工擦、刷、磨等操作，将金属物资上的锈斑、锈痕除去的一种方法。

2）机械除锈。机械除锈是通过专用机械设备进行除锈的一种方法，具有效率高、人力需求少、开支小的特点。机械除锈法一般有抛光法、钢丝轮除锈法、喷射法三种。

3）化学除锈。化学除锈是利用能够溶解锈蚀物的化学品除去金属制品表面锈迹的方法，其具有操作方便、设备简单、效率高、效果好等优点，特别适用于形状复杂的物资。由于化学除锈所使用的化学溶液都有较强的腐蚀性，因此在操作时一般遵照除油、除锈、中和、干燥四个步骤进行。

4．防老化的方法

防老化是指根据高分子材料性能的变化规律，采取各种有效措施以减缓其老化的速度，达到提高材料的抗老化性能，延长其使用寿命的目的。具体方法如下。

（1）消除杂质，以降低或消除杂质对老化的影响。

（2）在满足商品使用性能的基础上，运用共聚、交联、改变分子构型、减少不稳定结构等方法，以提高制品的耐老化性能。

（3）改进成型加工工艺，对制品进行热处理，以消除制品内部残余应力，稳定制品尺寸。降低摩擦系数，以提高制品的耐磨性、机械强度、表面硬度等。

（4）添加防老化剂，延长商品的寿命。该方法是常用而有效的一种方法，其添加量很小，但能使材料和成品的耐老化性能提高数倍乃至数十倍。

（5）包装应完整，物品堆码要符合隔潮、安全等原则。

（6）控制库房温湿度。避免库房温度过高和相对湿度太高，及时采取通风、吸潮、密封等措施。

（7）及时检查。发现物品有潮、热、霉、虫以及变形发硬、龟裂等老化现象，要及时采取措施进行处理。

（8）贯彻先进先出、易坏先出、推陈储新的原则。

▪ 技能训练 ▪

技能训练 6-3：梳理最新储存与养护技术

步骤 1：按照教师要求进行动态分组，每组选出组长和记录员。

步骤 2：查阅相关资料文献，梳理最新储存与养护技术，填写活页任务单。

步骤 3：小组进行头脑风暴，以某新型储存或养护技术为例，研讨其创新优化方法。

步骤 4：各组选派 1 名代表交流汇报。

步骤 5：完成评价打分（见表 6-3）。

表 6-3　技能训练 6-3 评价表

技能训练	评价项目	分值	评价			合计 （100%）
			本组自评 （20%）	小组互评 （30%）	教师评价 （50%）	
6-3	能够正确填写表格	50				
	能够小组头脑风暴研讨	30				
	能够清晰分享小组观点	20				
小计						

· 巩固练习 ·

一、单项选择题

1. 不属于按照保管条件分类的仓库类型包括（   ）。

   A. 恒温仓库   B. 冷藏仓库

   C. 危险品仓库   D. 立体仓库

2. 在秋季将苹果进行保鲜存储，过年时批量投向市场以求卖个好价钱，属于（   ）。

   A. 储备性储存   B. 周转性储存

   C. 季节性储存   D. 以上都对

3. 下列选项中防潮性能最好的是（   ）。

   A. 瓦楞纸箱   B. 玻璃纸   C. 玻璃陶瓷   D. 木箱

4. （   ）是指在货物码垛前，在预定的货位地面位置，使用衬垫材料进行铺垫。

   A. 堆码   B. 苫盖   C. 垫垛   D. 垛基

5. 在梅雨季节或阴雨天，采用的货物温湿度的控制方法是（   ）。

   A. 密封   B. 通风   C. 吸潮   D. 烘干

二、多项选择题

1. 货物入库后要做好货物质量变化的预防措施，应（   ）。

   A. 妥善进行堆码和苫垫   B. 做好货物在库质量检查

   C. 保持仓库的清洁卫生   D. 认真控制库房温湿度

2. 仓库防治货物霉腐可以采取的措施包括（   ）。

   A. 加强仓库温湿度管理，使霉菌不宜生长

   B. 商品堆垛应靠墙靠柱

   C. 做好日常的清洁卫生

   D. 合理堆码，下垫隔潮

3. 防治害虫的化学防治法主要包括（   ）。

   A. 驱避剂防治法   B. 熏蒸剂防治法

   C. 电离辐射杀虫法   D. 杀虫剂防治法

4. 以下属于货物储存功能的是（   ）。

   A. 调节功能   B. 配送功能   C. 集散功能   D. 检验功能

5. 以下属于货物苫盖方法的是（　　　　）。

    A. 鱼鳞苫盖法

    B. 垛形苫盖法

    C. 隔离苫盖法

    D. 活动棚架苫盖法

三、简答题

1. 简述货物储存的含义及其作用。

2. 简述货物垫垛的基本要求及主要方法。

3. 简述货物苫盖的常用材料及主要方法。

4. 简述货物养护技术。

5. 简述货物养护防霉腐的常用方法。

四、论述题

某仓库进入一批皮革及其制品，请问该种货物在存储中会发生怎样的变化？这种货物应如何进行储存和养护？

五、案例分析题

20××年3月31日7时12分许，苏州昆山市某精密金属有限公司机加工车间外一存放镁合金碎屑废物的集装箱发生爆燃事故，造成7人死亡、5人受伤。初步分析，事故直接原因是企业在镁合金铸件机加工过程中，使用了含水较高的乳化切削液，收集的镁合金碎屑废物未进行有效的除水作业，镁与水发生放热反应，释放氢气，又因镁合金碎屑堆垛过于集中，散热不良，使得反应加剧，瞬间引发集装箱内氢气发生爆燃，爆燃的冲击波夹带着燃烧的镁合金碎屑冲破集装箱对面机加工车间的卷帘门，导致机加工车间内卷帘门附近的员工伤亡。

阅读以上案例，请思考

问题1：该事故发生的主要原因是什么？

问题2：货物储存堆垛时需要注意哪些因素，做好哪些工作？

扫\码\看\答\案

请扫描项目六活页部分，观看巩固练习参考答案。

学习项目七　危险品货物

学习目标

知识目标

理解危险货物的内涵与类型；

熟知危险货物的包装与标志；

掌握危险货物的储存与运输。

能力目标

能够快速准确地辨析危险货物种类；

能够为不同类型的危险货物科学选择合适的包装与必要的标志；

能够为不同类型的危险货物精确选择合理的储存、运输方式。

素养目标

养成善于思考、明辨是非、一丝不苟的职业精神；

培养遵章守纪、按规操作、诚实守信的职业态度；

树立防微杜渐的责任意识和风险意识，自觉杜绝麻痹大意等各类隐患。

知识图谱

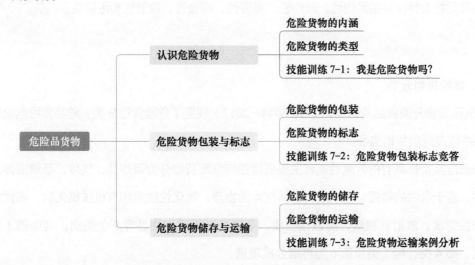

学习单元一　认识危险货物

✈ 学习导入

　　打火机、染发剂、消毒剂、杀虫剂……这些物流常见货物还有一个共同的名称——危险品货物。随着石油、化学工业的不断发展，危险货物的品种、数量也在不断地增加。据统计，通过各种方式运输和存储的货物中有一半以上的危险货物，常运的危险货物达3 000多种。小空在实习中也深刻认识到危险货物管理对保障人员、财产和环境安全的重要作用。要想做好危险货物管理，就必须对危险货物有深入的了解。我们和小空一起来认识危险货物吧。

✈ 知识内容

一、危险货物的内涵

　　《危险货物分类和品名编号》（GB 6944—2012）规定，危险货物是指具有爆炸、易燃、毒害、感染、腐蚀、放射性等危险特性，在运输、储存、生产、经营、使用和处置中，容易造成人身伤亡、财产损毁或环境污染而需要特别防护的物质和物品。

　　危险货物以列入《危险货物品名表》（GB 12268—2012）的为准；未列入《危险货物品名表》（GB 12268—2012）的，以有关法律、行政法规的规定或国务院有关部门公布的结果为准。

　　危险货物的特性包括燃烧性、爆炸性、毒害性、腐蚀性、放射性和污染性。

二、危险货物的类型

1. 危险货物分类

　　《危险货物分类和品名编号》（GB 6944—2012）规定了危险货物分类、危险货物危险性的先后顺序以及危险货物编号。

　　按照危险货物具有的危险性或者主要危险性将危险货物分为爆炸品，气体，易燃液体，易燃固体、易于自燃的物质、遇水放出易燃气体的物质，氧化性物质和有机过氧化物，毒性物质和感染性物质，放射性物质，腐蚀性物质，杂项危险物质和物品等9个类别，其中第1类、第2类、第4类、第5类和第6类再细分成项别。

第 1 类：爆炸品。

1）爆炸性物质。爆炸性物质是指固体或液体物质（或物质的混合物）能通过本身的化学反应产生气体，其温度、压力和速度对周围环境造成破坏。烟火物质即使不放出气体，也包括在内。

2）爆炸性物品。爆炸性物品是指含有一种或多种爆炸性物质的物品。

3）烟火物质。烟火物质是指一种物质或几种物质的混合物，其设计目的是通过产生热量、光线、声音、气体或所有这些效果的任意结合达到特定的表现效果。这些效果是通过非爆燃性、自持的放热化学反应产生的。

例如，烟花爆竹、子弹、炸药等均属于这一类货物。

第 2 类：气体。本类包括压缩气、液化气体、溶解气体、冷冻液化气体、一种或多种气体与一种或多种其他类别物质的蒸气混合物、充有气体的物品和气雾剂。

例如，丁烷、氟利昂（R22）、氯气、气雾罐等均属于这一类货物。

第 3 类：易燃液体。本类包括易燃液体和液态退敏爆炸品。

1）易燃液体，是指易燃的液体或液体混合物，或是在溶液或悬浮液中有固体的液体，其闭杯试验闪点不高于 $60^\circ\mathrm{C}$，或开杯试验闪点不高于 $65.6^\circ\mathrm{C}$，易燃液体还包括满足下列条件之一的液体：① 在温度等于或高于其闪点的条件下提交运输的液体。② 以液态在高温条件下运输或提交运输，并在温度等于或低于最高运输温度下放出易燃蒸气的物质。

2）液态退敏爆炸品，是指为抑制爆炸性物质的爆炸性能，将爆炸性物质溶解或悬浮在水中或其他液态物质后，而形成的均匀液态混合物。

例如，香水、汽油、油漆等均属于这一类货物。闪点低于 $60^\circ\mathrm{C}$ 高于 $35^\circ\mathrm{C}$ 不助燃的液体不属于易燃液体。这些液体一般着火点大于 $100^\circ\mathrm{C}$，或者是与水混合的溶液，按质量计含水量大于 90%。

第 4 类：易燃固体、易自燃物质、遇水放出易燃气体的物质。

1）易燃固体。易燃固体包括在运输所遇条件下，易于燃烧或易于通过摩擦可能起火的固体；易于发生强烈热反应的自反应物质（固体和液体）；在没有充分稀释的情况下有可能爆炸的固体退敏爆炸品。

2）易自燃物质。易自燃物质是指在正常运输条件下易于自发升温或易于遇空气升温，然后易于起火的液体或固体物质。该类又分为发火物质和自热物质。发火物质是指即使量很少，与空气接触后 5min 之内即可着火的物质，包括混合物和溶液，这些物质最容易自燃；自热物质是指除引火物质以外，在不供能量的情况下与空气接触易于自行发热的物质，这些物质只有在数量大、时间长的情况下才会着火。

3）遇水放出易燃气体的物质。本项物质是指遇水放出易燃气体，且该气体与空气混合能够形成爆炸性混合物的物质。

例如，活性炭、白磷、三甲基镓、电石、金属钠等均属于这一类货物。

第 5 类：氧化性物质和有机过氧化物。

1）氧化物质。这类物质本身未必燃烧，但通常因放出氧气能引起或促使其他物质燃烧。

2）有机过氧化物。它是含有二价过氧基（-O-O-）结构，可被认为是过氧化氢的衍生物的有机物质，其中一个或两个氢原子被有机原子团取代。有机过氧化物是遇热不稳定的物质，它可发热并自行加速分解。

例如，高锰酸钾、84 消毒液、次氯酸钙等均属于这一类货物。

第 6 类：毒性物质和感染性物质。

1）毒性物质。这类物质如吞咽、吸入或与皮肤接触易造成死亡，严重伤害或损害人体健康。对毒性的衡量指标一般用小型哺乳动物的半致死量或浓度表示，指一次染毒后引起半数动物死亡的剂量或浓度，同时根据中毒的类型，分为急性中毒、慢性中毒和亚急性中毒。

2）感染性物质。感染性物质是那些已知或一般有理由相信有病原体的物质。病原体是指会使人或动物感染疾病的微生物（包括细菌、病毒、立克次氏体、寄生生物、真菌）和其他媒介（如病毒蛋白）。

例如，百草枯、苯酚、细菌、病毒等均属于这一类货物。

第 7 类：放射性物质。本类物质是指任何含有放射性核素并且其活度浓度和放射性总活度都超过 GB 11806 规定限值的物质。《危险货物分类和品名编号》（GB 6944—2012）没有对第 7 类放射性物质进行明确分类，人们在运输等实践中，根据运输指数和表面辐射水平对盛装放射性物质、物品的包件和集合包件的危险程度，将放射性物质的危险等级分为Ⅰ级、Ⅱ级、Ⅲ级三个级别。其中Ⅰ级包件的放射性危害最弱，Ⅲ级包件的辐射水平最强。

例如，氡气、铀 238 等均属于这一类货物。

第 8 类：腐蚀性物质。腐蚀性物质是指通过化学作用使生物组织接触时造成严重损伤或在渗漏时会严重损害甚至毁坏其他货物或运载工具的物质。该物质主要包括：

1）使完好皮肤组织在暴露超过 60min、但不超过 4h 之后开始的最多 14d 观察期内全厚度毁损的物质。

2）被判定不引起完好皮肤组织全厚度毁损，但在 55℃试验温度下，对钢或铝的表面腐蚀率超过 6.25mm/a 的物质。

例如，氢氧化钠、盐酸等均属于这一类货物。

第 9 类：杂项危险物质和物品，包括危害环境物质。本类是指存在危险但不能满足其他类别定义的物质和物品，包括：

1）以微细粉尘吸入可危害健康的物质。

2）会放出易燃气体的物质。

3）锂电池组。

4）救生设备。

5）一旦发生火灾可形成二噁英的物质和物品。

6）在高温下运输或提交运输的物质，是指在液态温度达到或超过 100℃，或固态温度达到或超过 240℃条件下运输的物质。

7）危害环境物质，包括污染水生环境的液体或固体物质，以及这类物质的混合物（如制剂和废物）。

8）不符合毒性物质或感染性物质定义的经基因修改的微生物和生物体。

9）其他。

想一想：

下列货物（见图 7-1）是否是危险货物？若是危险货物，属于哪一类危险货物呢？

a）乳化炸药

b）打火机气瓶

c）油漆

图 7-1　各类货物

d）农药 e）电石 f）烧碱

图 7-1 各类货物（续）

【拓展阅读】

请扫一扫活页中二维码"助学案例 7-1：常见危险品货物"，进一步明确危险货物的类型与特征。

2．危险货物品名表

《危险货物品名表》（GB 12268—2012）收录了 3 400 多种危险货物，从联合国编号 0004（苦味酸铵）开始，到联合国编号 3495（碘）止。每一种危险货物的品名表分为 7 栏，列明了每种危险货物的联合国编号、名称和说明、英文名称、类别或项别、次要危险性、包装类别、特殊规定等（见表 7-1）。

一般情况下，可以通过《危险货物品名表》（GB 12268—2012）确认危险货物。但由于危险货物种类繁多，涉及多个部门监督管理且管理依据不尽相同，有的还需要依据有关法律、行政规定或者有关部门公布的结果，判定是否为危险货物。

表 7-1 危险货物品名表式样

联合国编号	名称和说明	英文名称	类别或项别	次要危险性	包装类别	特殊规定
0004	苦味酸铵，干的，或湿的，按质量含水低于 10%	AMMONIUM PICRATE dry or wetted with less than 10% water, by mass	1.1D			
0005	武器弹药筒，带有爆炸装药	CARTEIDGES FOR WEAPONS with bursting charge	1.1F			
0006	武器弹药筒，带有爆炸装药	CARTEIDGES FOR WEAPONS with bursting charge	1.1E			

▪ **技能训练** ▪

技能训练 7-1：我是危险货物吗？

步骤 1：按照教师要求进行动态分组，每组选出出题人和记录员。

步骤 2：各小组分别查找各类货物的图片。

步骤 3：每个小组依次由出题人轮流发题（发照片）。

步骤 4：发题小组发题并发布口令后，其他小组开始竞答。

步骤 5：最先抢得竞答权并答对的小组得 3 分，弃权得 1 分，未答对得 −1 分。

步骤 6：依次完成多轮。

步骤 7：完成评价打分（见表 7-2）。

表 7-2　技能训练 7-1 评价表

技能训练	评价项目	分值	评价			合计（100%）
			本组自评（20%）	小组互评（30%）	教师评价（50%）	
7-1	计分结果	60				
	发题照片与结果合理性	20				
	小组成员参与度	20				
小计						

学习单元二　危险货物包装与标志

✈学习导入

　　小空在实习时发现危险货物运输时必须盛装在质量良好的包装内，并配合使用必要的危险货物标志。包装和标志在危险货物储运中非常重要，包装的强度必须承受储运过程中通常遇到的震动和负荷，配合危险货物标志使用，可以有效防止货物在正常运输过程中发生燃烧、爆炸、腐蚀、毒害、放射、污染等事故。如何科学合理地选择危险货物的包装和标志呢？下面让我们陪伴小空一起去了解危险货物包装与标志的相关知识和技能吧。

✈知识内容

一、危险货物的包装

1．危险货物包装的定义与作用

　　危险货物包装是指根据危险货物的性质特点，按照有关的法律法规、标准及国际公约和规则而专门设计、建造，并经过检验、试验和批准用于盛装危险货物的桶、罐、箱、袋等包装物及容器等。

　　危险货物包装的作用包括以下几个方面。

　　（1）防止因接触雨雪、阳光、潮湿的空气和杂质或发生剧烈的化学反应而造成事故。

　　（2）减少货物在运输过程中所受碰撞、震动、摩擦、挤压等机械损伤，使其处于相对稳定和完整状态，从而保证运输安全。

　　（3）防止货物因撒漏、挥发以及性质相抵触的货物直接接触而发生事故或污染运输工具及其他货物。

　　（4）便于运输过程中的装卸、搬运、堆存、保管和运输。

2．危险货物包装的要求

　　（1）一般要求。准备运输时，包件的结构和密封性须能够在正常运输条件下防止由于振动及温度、湿度或压力的变化而引起的任何内装物的损失。包装须根据生产商提供的要求密封。

运输过程中，包件、中型散装容器和大宗包装的外表面不得黏附有危险残余物质。具体要求如下：

1）包装的材质和类型应与所装的危险货物相适应。

2）包装应有一定的强度，能经受住运输的一般风险。

3）包装的封口应与所装的危险货物相适应。

4）内、外包装之间应有一定的衬垫（减震、填充和吸收材料）。

5）包装应能承受一定范围内的温湿度变化。

6）包装的重量、规格和形式应便于装卸、运输和储存。

（2）直接与危险货物接触的要求。

1）包装材料不得因危险物质而受到影响或受到严重削弱。

2）包装材料不得与危险货物发生危险反应，如催化反应或任何可能加剧货物危险性的化学反应。

3）正常运输条件下，包装材料不得渗入危险货物并产生危险，必要时须进行适当的内部涂层或经适当处理。

4）如果不同种类的危险货物或一般货物在相互接触时可能发生危险反应，如燃烧，产生易燃、有毒或窒息性气体，形成腐蚀性物质或形成不稳定物质，则不得装在同一个外包装或大宗包装里。

（3）包装的封口要求。一般来说，危险货物的包装封口应严密。但是对于有些危险货物而言，封口不仅不要求严密，而且要求有通气口。因此危险货物包装的封口要根据所装货物的性质来决定，《国际海运危险货物规则》（以下简称《国际危规》）中包装的封口类型包括以下三种。

1）有效封口（不透液体的封口）。例如，对于有机过氧化物，所有盛装容器须为"有效封口"。

2）气密封口（不透蒸气的封口）。除非另有规定，这类封口适用于盛装具有以下特性物质的包件，包括：产生易燃气体或蒸气；在干燥情况下，可能有爆炸性；产生有毒气体或蒸气；产生腐蚀性气体或蒸气；可能与空气发生危险性反应。

3）牢固封口。所装的干燥物质在正常操作中不致漏出的封口，这是对任何封口的最低要求。

3．危险货物包装的包装形式

根据《危险货物道路运输规则》（JT/T 617—2018），危险货物的包装主要分为一般包装、中型散装容器（净重>400kg或容积>450L）以及大型包装（净重>400kg或容积>450L），如图7-2所示。

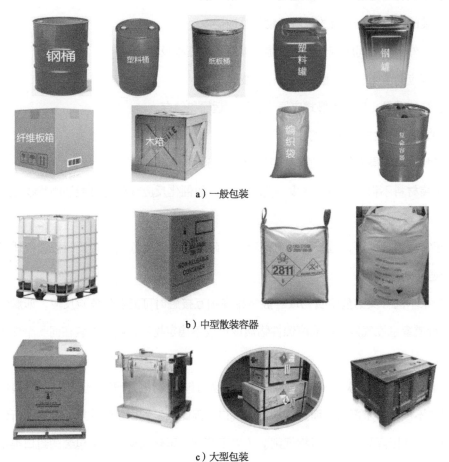

a）一般包装

b）中型散装容器

c）大型包装

图7-2　危险货物包装分类

4．危险货物包装的包装类别

根据《危险货物分类和品名编号》（GB 6944—2012）4.1.2条：为了包装目的，除了第1类、第2类、第7类、5.2项和6.2项物质，以及4.1项自反应物质以外的物质，根据其危险程度，划分为三个包装类别：

Ⅰ类包装：具有高度危险性的物质。

Ⅱ类包装：具有中度危险性的物质。

Ⅲ类包装：具有低度危险性的物质。

5．危险货物包装的标记

依据《国际危规》的要求，用于运输危险货物的包装必须带有持久、清晰的标记，用于表明该包装已经通过设计、检验、注册等相关信息，其位置和尺寸应易于看到。对于总重量超过 30kg 的包装，其标记或复制标记须在包装的顶部或一侧，字母、数字和符号高度须不小于 12mm。30L 或 30kg 或更小的包装，其标记高度至少有 6mm。5L 或 5kg 或更小的包装，其标记须为一种适当的尺寸。

标记实例如图 7-3 所示。

各项含义如下：

UN——联合国包装符号。

图 7-3 标记实例

1A1——不可拆卸顶盖的钢制圆桶。

Y——表明其设计类型已顺利通过包装类 Ⅱ 和 Ⅲ 的性能试验。

1.4——表示该拟装液体物质的包装在无内包装时已按该相对密度对设计类型进行了试验。

160——表示该包装所能承受的液压试验压力为 160kPa。

93——表示包装制造年份为 1993 年。

NL——用国际公路通行车辆使用的标记符号表示授权使用标记的国家。

VL824——制造商的名称或主管当局规定的其他识别标志。

二、危险货物的标志

1．标志的定义

危险货物标志是用来表示危险货物的物理、化学性质，以及危险程度的标志，是在危险货物包装上清楚而明确刷制的标志，以示警告，便于装卸、运输和保管人员按货物特性采取相应的防护措施，以保护物资和人身的安全。

《危险货物包装标志》（GB 190—2009）规定，在水、陆、空运危险货物的外包装上拴挂、印刷或标打不同的标志，如爆炸品、遇水燃烧品、有毒品、剧毒品、腐蚀性物品、放射性物品等。

2．标志的尺寸、颜色

标志须是与水平线呈 45°（菱形）放置的正方形，尺寸一般分为四种，如表 7-3 所示。如遇特大或特小的运输包装件，标志的尺寸可以比对表 7-3 的规定适当扩大或缩小。

表 7-3　危险货物包装标志的尺寸　　　　　　　　　　　　　单位：mm

尺寸号别	长	宽
1	50	50
2	100	100
3	150	150
4	250	250

内边缘线须组成一个菱形。标志上半部的内边缘线须与符号颜色一致，标志下半部分的内边缘线须与底角显示的类别或分类编号颜色一致。

3．标志的分类

标志分为标记（见表 7-4）和标签（见表 7-5）。标记 4 个；标签 26 个，其图形分别标示了 9 类危险货物的主要特性。

表 7-4　标记

序号	标记名称	标记图形
1	危害环境物质和物品标记	 （符号：黑色，底色：白色）
2	方向标记	 （符号：黑色或正红色，底色：白色） （符号：黑色或正红色，底色：白色）
3	高温运输标记	 （符号：正红色，底色：白色）

表 7-5 标签

序号	标签名称	标签图形	对应危险货物类项号
1	爆炸性物质或物品	 （符号：黑色，底色：橙红色）	1.1 1.2 1.3
		 （符号：黑色，底色：橙红色）	1.4
		 （符号：黑色，底色：橙红色）	1.5
		 （符号：黑色，底色：橙红色） ＊＊项号的位置，如果爆炸性是次要危险性，留空白 ＊配装组字母的位置，如果爆炸性是次要危险性，留空白	1.6
2	易燃气体	 （符号：黑色，底色：正红色） （符号：白色，底色：正红色）	2.1

（续）

序号	标签名称	标签图形	对应危险货物类项号
2	非易燃无毒气体	（符号：黑色，底色：绿色） （符号：白色，底色：绿色）	2.2
	毒性气体	（符号：黑色，底色：白色）	2.3
3	易燃液体	（符号：黑色，底色：正红色） （符号：白色，底色：正红色）	3
4	易燃固体	（符号：黑色，底色：白色红条）	4.1

（续）

序号	标签名称	标签图形	对应危险货物类项号
4	易于自燃的物质	（符号：黑色，底色：上白下红）	4.2
	遇水放出易燃气体的物质	（符号：黑色，底色：蓝色） （符号：白色，底色：蓝色）	4.3
5	氧化性物质	（符号：黑色，底色：柠檬黄色）	5.1
	有机过氧化物	（符号：黑色，底色：红色和柠檬黄色） （符号：白色，底色：红色和柠檬黄色）	5.2

（续）

序号	标签名称	标签图形	对应危险货物类项号
6	毒性物质	 （符号：黑色，底色：白色）	6.1
	感染性物质	 （符号：黑色，底色：白色）	6.2
7	一级放射性物质	 （符号：黑色，底色：白色，附一条红竖条） 黑色文字，在标签下半部分写上："放射性" "内装物_____" "放射性强度_____" 在"放射性"字样后有一条红竖条	7A
	二级放射性物质	 （符号：黑色，底色：上黄下白，附两条红竖条） 黑色文字，在标签下半部分写上："放射性" "内装物_____" "放射性强度_____" 在一个黑边框格内写上："运输指数" 在"放射性"字样后有两条红竖条	7B

（续）

序号	标签名称	标签图形	对应危险货物类项号
7	三级放射性物质	（符号：黑色，底色：上黄下白，附三条红竖条） 黑色文字，在标签下半部分写上："放射性" "内装物_____" "放射性强度_____" 在一个黑边框格内写上："运输指数" 在"放射性"字样后有三条红竖条	7C
7	裂变性物质	（符号：黑色，底色：白色） 黑色文字 在标签上半部分写上："易裂变" 在标签下半部分的一个黑边 框格内写上："临界安全指数"	7E
8	腐蚀性物质	（符号：黑色，底色：上白下黑）	8
9	杂项危险物质和物品	（符号：黑色，底色：白色）	9

4．标志的使用

（1）标记标志的要求。须清晰可见且易识别；须做到在海水中浸泡 3 个月以上仍清晰可辨；须和包件外表面的背景形成鲜明的颜色对比；不得与可能大大降低其效果的其他包件标志放在一起。

（2）标记标志的贴法。容量超过 450L 的中型散装容器须在相对两侧做标记；危险货物的主危、副危标志都需要贴在包件上，且须彼此紧挨着贴；如果包件的尺寸足够大，贴在包件表面靠近正确运输名称标记的地方；贴在包件表面不会被包件任何部分和配件或其他任何标记和标志覆盖或挡住的地方。

▪ 技能训练 ▪

技能训练 7-2：危险货物包装标志竞答

步骤 1：按照教师要求进行动态分组，每组选出出题人和记录员。

步骤 2：各小组分别查找各类危险货物包装和标志的图片。

步骤 3：每个小组依次由出题人轮流发题（发照片）。

步骤 4：发题小组发题并发布口令后，其他小组开始竞答。

步骤 5：最先抢得竞答权并答对的小组得 3 分，弃权得 1 分，未答对得 –1 分。

步骤 6：依次完成多轮。

步骤 7：完成评价打分（见表 7-6）。

表 7-6　技能训练 7-2 评价表

技能训练	评价项目	分值	评价			合计（100%）
			本组自评（20%）	小组互评（30%）	教师评价（50%）	
7-2	计分结果	60				
	发题照片与结果合理性	20				
	小组成员参与度	20				
小计						

学习单元三 危险货物储存与运输

学习导入

小空最近接到一个客户的运输需求，需要将一票拟除虫菊酯农药出运。小空查证该批货物为危险货物（UN3349，6.1类），属于固态有毒物质，如何安排储运让他犯了难。为了保障人民群众的生命财产安全和社会运行安全，危险货物在储存和运输中都有严格的特殊要求，以确保其安全性和可靠性，规避危险品储存和运输事故。那么就让我们陪伴小空一起了解危险货物的储存和运输吧。

知识内容

一、危险货物的储存

危险货物的储存方式分为三种：隔离储存、隔开储存与分离储存。隔离储存指在同一房间内或同一区域内，不同物品之间分开一定距离，非禁忌物料之间用通道保持空间的储存方式。隔开储存指在同一建筑或同一区域内，用隔板或墙，将其与禁忌物料（化学性质相抵触或灭火方法不同的化学物料）分离开的储存方式。分离储存指将危险品在不同的建筑物或远离所有建筑物的外部区域内储存的储存方式。危险货物应根据其性能，分区、分类、分库储存，不得与禁忌物料混合存储。

1. 爆炸性货物的储存

（1）爆炸性物质必须存放在专用仓库内。

（2）存放爆炸性物质的仓库，不得同时存放相抵触的爆炸物质。

（3）一切爆炸性物质不得与酸、碱、盐类以及某些金属、氧化剂等同库储存。

（4）为了通风、装卸和便于出入检查，爆炸性物质堆放时，堆垛不应过高过密。

（5）爆炸性物质仓库的温度、湿度应加强控制和调节。

2. 压缩气体和液化气体的储存

（1）压缩气体和液化气体不得与其他物质共同储存；易燃气体不得与助燃气体、剧毒气体共同储存；易燃气体和剧毒气体不得与腐蚀性物质混合储存；氧气不得与油脂混合储存。

（2）液化石油气贮罐区，应布置在通风良好且远离明火或散发火花的露天地带。不宜与易燃、可燃液体贮罐同组布置，更不应设在一个土堤内。压力卧式液化气罐的纵轴，不宜对着重要建筑物、重要设备、交通要道以及人员集中的场所。

（3）储存气瓶的仓库应为单层建筑，设置易揭开的轻质屋顶，地坪可用沥青砂浆混凝土铺设，门窗都向外开启，玻璃涂以白色。库温不宜超过 35℃，有通风降温措施。气瓶仓库应用防火墙分隔为若干单独分间，每一分间有安全出入口。气瓶仓库的最大贮存量应按有关规定执行。

3．易燃液体的储存

（1）易燃液体应贮存于通风阴凉处，并与明火保持一定的距离，在一定区域内严禁烟火。

（2）沸点低于或接近夏季气温的易燃液体，应储存于有降温设施的库房或贮罐内，盛装易燃液体的容器应保留不少于 5% 容积的空隙，夏季不可暴晒。

（3）闪点较低的易燃液体，应注意控制库温。气温较低时容易凝结成块的易燃液体受冻后易使容器胀裂，故应注意防冻。

（4）易燃、可燃液体贮罐分地上、半地上和地下三种类型。地上贮罐不应与地下或半地下贮罐布置在同一贮罐组内，且不宜与液化石油气贮罐布置在同一贮罐组内。贮罐组内贮罐的布置不应超过两排。在地上和半地下的易燃、可燃液体贮罐的四周应设置防火堤。

4．易燃固体的储存

（1）储存易燃固体的仓库要求阴凉、干燥，要有隔热措施，忌阳光照射，易挥发、易燃固体应密封堆放，仓库要求严格防潮。

（2）易燃固体多属还原剂，应与氧和氧化剂分开储存。很多易燃固体有毒，故储存中应注意防毒。

5．自燃物质的储存

（1）自燃物质不能与易燃液体、易燃固体、遇水燃烧物质或腐蚀性物质混放储存。

（2）自燃物质在储存中，对温度、湿度的要求比较严格，必须储存于阴凉、通风干燥的仓库中，并注意做好防火、防毒工作。

6．遇水燃烧物质的储存

（1）遇水燃烧物质的储存应选用地势较高的地方，在夏令暴雨季节保证不进水，堆垛时要用干燥的枕木或垫板。

（2）储存遇水燃烧物质的库房要求干燥，要严防雨雪的侵袭。库房的门窗可以密封。库房的相对湿度一般保持在75%以下，最高不超过80%。

（3）钾、钠等应储存于不含水分的矿物油或液状石蜡中。

7．氧化剂的储存

（1）一级无机氧化剂与有机氧化剂不能混放储存；不能与其他弱氧化剂混放储存；不能与压缩气体、液化气体混放储存；氧化剂与有毒物质不得混放储存。

（2）储存氧化剂应严格控制温度、湿度。可采取整库密封、分垛密封与自然通风相结合的方法。

8．有毒物质的储存

（1）有毒物质应储存在阴凉通风的干燥场所，要避免露天存放，不能与酸类物质接触。

（2）严禁与食品同存一库。

（3）包装封口必须严密，无论是瓶装、盒装、箱装或其他包装，外面均应贴（印）有明显名称和标志。

9．腐蚀性物质的储存

（1）腐蚀性物质均须储存在冬暖夏凉的库房里，保持通风、干燥，防潮、防热。

（2）腐蚀性物质不能与易燃物质混合储存，若需在同一库房内储存不同的腐蚀性物质，应用墙体进行分隔。

（3）采用相应的耐腐蚀容器盛装腐蚀性物质，且包装封口要严密。

10．放射性物质的储存

（1）储存在专门的放射性物质仓库中，远离人员活动区域。

（2）储存容器要符合国家标准，保证密封性。

（3）储存区域要防护良好，防止辐射泄漏。

二、危险货物的运输

危险品运输车辆要专车专运，不符合要求的车辆不可以装载或者混装，并且运载车辆需要悬挂危险品等字样的警示标识。危险品在装载中要做到一车一装，货物要装载均匀平衡，需要填充的部分要用不可燃物质。装载危险货物的时候，不同的车辆有相应的荷载量，要严格按照标准装载。在危险品运输当中，承接的运输单位一定要具备相关专业资质。

1．注意包装

危险品在装运前应根据其性质、运送路程、沿途路况等采用安全的方式包装好。包装必须牢固、严密，在包装上做好清晰、规范、易识别的标志。

2．注意装卸

危险品装卸现场的道路、灯光、标志、消防设施等必须符合安全装卸的条件。装卸危险品时，汽车应在露天停放，装卸工人应注意自身防护，穿戴必需的防护用具。严格遵守操作规程，轻装、轻卸，严禁摔碰、撞击、滚翻、重压和倒置，怕潮湿的货物应用篷布遮盖，货物必须堆放整齐，捆扎牢固。不同性质的危险品不能同车混装，如雷管、炸药等切勿同装一车。

3．注意用车

装运危险品必须选用合适的车辆，爆炸品、一级氧化剂、有机氧化物不得用全挂汽车列车、三轮机动车、摩托车、人力三轮车和自行车装运；爆炸器、一级氧化剂、有机过氧物、一级易燃品不得用拖拉机装运。除二级固定危险品外，其他危险品不得用自卸汽车装运。

4．注意防火

危货运输忌火，危险品在装卸时应使用不产生火花的工具，车厢内严禁吸烟，车辆不得靠近明火、高温场所和太阳暴晒的地方。装运石油类的油罐车在停驶、装卸时应安装好地线，行驶时，应使地线触地，以防静电产生火灾。

5．注意驾驶

装运危险品的车辆，应设置《道路运输危险货物车辆标志》（GB 13392—2023）规定的标志。汽车运行必须严格遵守交通、消防、治安等法规，应控制车速，保持与前车的距离，遇有情况提前减速，避免紧急刹车，严禁违章超车，确保行车安全。

6．注意漏散

危险品在装运过程中出现漏散现象时，应根据危险品的不同性质，进行妥善处理。爆炸品散落时，应将其移至安全处，修理或更换包装，对漏散的爆炸品及时用水浸湿，请当地公安消防人员处理；储存压缩气体或液化气体的罐体出现泄漏时，应将其移至通风场地，向漏气钢瓶浇水降温；液氨漏气时，可浸入水中。其他剧毒气体应浸入石灰水中。易燃固体物品散落时，应迅速将散落包装移于安全处所，黄磷散落后应立即浸入水中，金属钠、钾等必须浸入盛有煤油或无水液状石蜡的铁桶中；易燃液体渗漏时，应及时将渗漏部位朝上，并及时移至安全通风场所修补或更换包装，渗漏物用黄沙、干土盖没后扫净。

7．注意停放

装载危险品的车辆不得在学校、机关、集市、名胜古迹、风景游览区停放，如必须在上述地区进行装卸作业或临时停车时，应采取安全措施，并征得当地公安部门的同意。停车时要留人看守，闲杂人员不准接近车辆，做到车在人在，确保车辆安全。

8．注意清厢

危险品卸车后应清扫车上残留物，被危险品污染过的车辆及工具必须洗刷消毒。未经彻底消毒，严禁装运食用、药用物品、饲料及动植物。

【拓展阅读】

请扫一扫活页中二维码"助学案例 7-2：危险货物道路运输安全管理办法"，进一步了解危险货物公路运输的要求。

技能训练

技能训练 7-3：危险货物运输案例分析

步骤 1：按照教师要求进行动态分组，每组选出组长和记录员。

步骤 2：查阅相关资料文献，梳理危险货物运输案例。

步骤 3：小组进行"ME-WE-US"结构化研讨，填写活页任务单。

步骤 4：各组选派 1 名代表交流汇报。

步骤 5：完成评价打分（见表 7-7）。

表 7-7　技能训练 7-3 评价表

技能训练	评价项目	分值	评价			合计 （100%）
			本组自评 （20%）	小组互评 （30%）	教师评价 （50%）	
7-3	能够正确填写表格	50				
	能够小组结构化研讨	30				
	能够清晰分享小组观点	20				
小计						

·巩固练习·

一、单项选择题

1. 下列属于危险货物的是（　　　）。

    A. 精密仪器　　　　　B. 易碎器皿　　　　　C. 腐蚀性物品　　　　D. 黄金珠宝

2. 危险货物的第三类是（　　　）。

    A. 爆炸品　　　　　　B. 易燃固体　　　　　C. 易燃液体　　　　　D. 毒性物质

3. 危险货物的标志图形符号主要有爆炸的炸弹、火焰、气瓶、三叶形等，其中三叶形图形符号表示该货物具有（　　　）。

    A. 磁性　　　　　　　B. 放射性　　　　　　C. 腐蚀性　　　　　　D. 毒性

4. 危险货物的标志是为了（　　　）。

    A. 增加货物的价值　　　　　　　　　　B. 方便货物的装卸

    C. 警示人们注意货物的危险性　　　　　D. 使货物更易识别

5. 图示道路危险货物运输车辆标志牌，表示该车可以承运（　　　）。

    A. 放射性物质　　　　　　　　　　　　B. 腐蚀性物质

    C. 易燃液体　　　　　　　　　　　　　D. 爆炸品

二、多项选择题

1. 下列选项中属于危险货物的是（　　　）。

    A. 爆炸品　　　　　　B. 腐蚀品　　　　　　C. 氧化剂　　　　　　D. 生铁

    E. 硫黄

2. 危险货物存放方式错误的是（　　　）。

    A. 存放在通风环境下　　　　　　　　　B. 存放在湿润环境下

    C. 存放在高温环境下　　　　　　　　　D. 存放在阳光直射的地方

3. 在危险货物运输过程中，下列措施正确的是（　　　）。

    A. 随意调换标志　　　　　　　　　　　B. 使用专用包装容器

    C. 佩戴个人防护装备　　　　　　　　　D. 选用合格的运输工具

4. 《危险货物品名表》（GB 12268—2012）列明了每种危险货物的（　　　）。

    A. 联合国编号　　　　　　　　　　　　B. 英文名称

    C. 次要危险性　　　　　　　　　　　　D. 名称和说明

5. 以下说法错误的是（　　　　）。

    A. 对于危险货物运输，没有严格的规定和标准

    B. 危险货物标志包括类别标志和产品标志

    C. 危险货物的包装容器可以随意选择，不受限制

    D. 危险货物的运输必须使用封闭式运输工具

三、简答题

1. 简述危险货物的定义与特性。

2. 简述危险货物包装的作用。

3. 简述危险货物标志的使用要求与张贴方法。

4. 简述某一种危险货物的储存要求。

5. 简述危险货物运输的"8 项注意"要求。

四、论述题

请列举一种危险货物并说明其特性，该种货物应采用哪种包装并使用哪种危险货物标志？在储存与运输该种货物时如何保障安全？

五、案例分析题

青岛某公司申报，拟使用Ⅲ类包装装运一票黄原酸盐类危险货物出口，前湾海事处执法人员审查时发现，该票货物的鉴定报告中明确其包装类别为Ⅱ类，与危险货物申报单位提供的危险货物包装两证上的货物包装类别不符。随即，前湾海事处与申报单位核实，经核对单证原件，确认该公司此次适运申报中存在危险货物包装不适运行为，基于该货物包装类别不符合要求，对该票危险货物不予放行，及时消除了安全隐患。

阅读以上案例，请思考

问题 1：本案例中的危险货物是什么，属于哪一个类别，具有什么样的性质？

问题 2：危险货物包装类别不符可能造成怎样的安全隐患？如何进行防范？

扫\码\看\答\案

请扫描项目七活页部分，观看巩固练习参考答案。

学习项目八 集装箱货物

学习目标

知识目标

掌握集装箱货物的概念与分类；

熟知不同货物装载集装箱的方法；

熟悉集装箱货物汗湿原因及防范措施。

能力目标

能够准确地进行集装箱货物的适箱分析；

能够根据货物类型合理选择集装箱；

能够对不同货物进行集装箱化操作。

素养目标

培养刻苦钻研、锲而不舍、严谨认真的学习态度；

培养勇于担当、兢兢业业、爱岗奉献的职业精神；

强化责任意识，树立责任担当，认真履行工作职责。

知识图谱

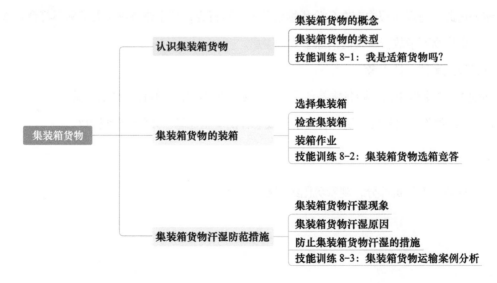

学习单元一 认识集装箱货物

学习导入

某进出口公司从宁波港出口一票纺织品货物至西雅图港。货物到达目的港后，客户发现底部货物由于集装箱进水而受潮、霉变，并由对方港口理货公司出具了证明和照片。随后客户、该进出口公司及船公司之间发生了索赔纠纷。在集装箱运输中，类似的集装箱货物损坏、变质等事件并不少见，想要避免类似事故发生，就必须对集装箱货物有全面充分的了解。现在让我们陪伴小空一起来了解集装箱货物及装载运输的相关要求吧。

知识内容

一、集装箱货物的概念

集装箱货物是指以集装箱为装载单元进行运输的货物。集装箱装运的货物具有两个基本特点。

（1）能比较好地利用集装箱的载货重量或载货容积。

（2）货物的价值较高，对运输费用的承担能力较强。

从技术的角度看，不能使用集装箱运输的货物很少；但从经济的角度，有些货物不适合集装箱运输，如大件货物或大批量货物，如煤炭、矿砂、粮谷、原油等。

二、集装箱货物的类型

集装箱货物的分类是为了合理安排集装箱运输组织工作，合理使用各种不同的集装箱运输方式，使运输能力得到充分有效的发挥，保证货物运输的安全和货物运输质量的提高。集装箱货物可以按照货物的适箱程度、货物的基本性质、货物的包装形式、货物是否装满一个集装箱进行分类。

1. 按货物的适箱程度划分

从集装箱运输货物的经济性和物理性角度，按照货物适合集装箱运输的程度，可将货物分为最适箱货、适箱货、临界货和不适箱货。

（1）最适箱货。最适箱货即最适合于集装箱的货物。这类货物在物理属性方面完全适合于集装箱运输，而且货价一般很高，因此对高运价的承受能力也很强。这类货物包括医药类产品，酒和饮料等液体产品，家用电器、照相机、手表等家电产品、中高档纺织品等。

（2）适箱货。适箱货即适合于集装箱的货物。这类货物通常是指其物理属性与运价均可为集装箱运输所接受的货物。但与最适合于集装箱的货物相比，其价格和承受运价的能力相应要低一些。这类货物包括屋顶板、纸浆、罐装植物油、电线、电缆、金属制品、皮革等。

（3）临界货。临界货即临界于集装箱的货物。这类货物在物理属性及形态上使用集装箱运输是可行的，但其货价较低，承受运价的能力比较低，在包装方面难以进行集装箱化，若采用集装箱运输，在经济上所获利润不高，甚至可能亏损。这类货物包括钢锭、铅锭、生铁、原木、生铁块、原木、砖瓦等。

（4）不适箱货。不适箱货即不适合于集装箱的货物。这类货物由于物理状态和经济上的原因不能使用集装箱运输，如货价较低的大宗货物、长度超过 12.2m（40ft）的货物和重量超过了集装箱最大载重量的超限货物，如金属构件、废钢铁、大理石、花岗石、瓷砖、铁榔头、废钢铁等。还有些货物的物理属性与运价均适合于集装箱运输，如卡车、工程车辆、食糖、矿砂、粮谷、水泥、鱼粉、原油等。但这类货物经常采用大批量运输，使用特种船（如散装船、滚装船、油轮等）运输，运输效率更高，价格更低廉。

2．按货物的性质划分

按货物性质和运输要求，可将货物分为普通货物和特殊货物。

（1）普通货物。普通货物是不需要用特殊方法进行保管和装卸的货物，其特点是货物批量不大，品种较多。普通货物根据其包装形式和货物性质又可分为清洁货和污货两类，通常装在普通集装箱、开顶集装箱、通风集装箱、平台式集装箱、散货集装箱内进行运输。

（2）特殊货物。特殊货物是指在性质、体积、重量和价值等方面具有特别之处的货物，它们在积载、装卸和保管中需要采取特殊设备和措施。特殊货物主要包括危险货物、冷藏货物、超限货物、贵重货物、有生动植物货物等。

1）危险货物可以用干货集装箱装运，但是集装箱的四周外壁上必须贴上危险品标志。

2）冷藏货物通常装在冷藏集装箱装运。

3）超限货物可以用开顶集装箱、平板式或台架式集装箱装运。

4）贵重货物通常先装入木箱或特殊的较牢固的金属箱中，再装入普通集装箱。

5）活体动物可以用动物集装箱装运。

6）动物皮毛（如生皮、皮革、毛皮等）可以用兽皮集装箱或通风集装箱装运。

7）动植物产品（如肉类、动植物油等）可以用冷藏集装箱、罐式集装箱装运。

3．按货物的包装形式划分

根据货物的包装方式，可将货物分为纸箱装货、木箱装货、波纹纸板箱货、捆包货、袋装货、鼓桶类货、滚筒货和卷盘货、长件货、托盘货等，以适应集装箱运输装卸的需要，如图 8-1 所示。

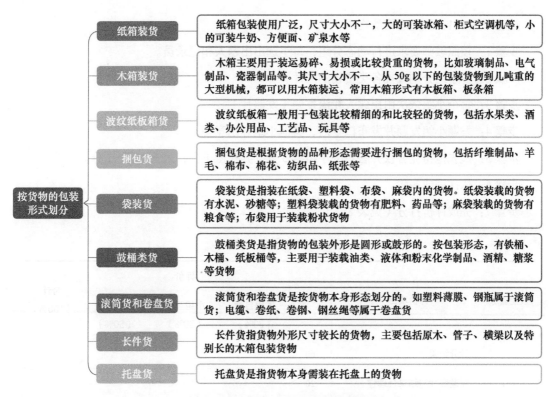

图 8-1　按包装形式划分集装箱货物类别

4．按一批货物是否装满一个集装箱划分

按照一批货物是否能装在一个集装箱里，可将货物分为拼箱货和整箱货。

（1）拼箱货（Less than Container Load，LCL）。拼箱货是指装不满一个集装箱的小票货物。这些货物通常由承运人分别揽货并在集装箱货运站（Container Freight Station，CFS）或内陆站集中，而后将两票或两票以上的货物拼装在一个集装箱内。到达目的地后，同样要在目的地的集装箱货运站或内陆站拆箱，分别交给不同的收货人。

（2）整箱货（Full Container Load，FCL）。整箱货由发货人负责装箱、计数、加封（施封）、填写装箱单（P/L）。整箱货通常只有一个发货人和一个收货人。整箱货的拆箱一般由收货人办理。承运人不负责箱内货物的货损和货差。

【拓展阅读】

请扫一扫活页中二维码"助学案例 8-1：集装箱的概念与分类"，了解集装箱的不同类别。

■ 技能训练 ■

技能训练 8-1：我是适箱货物吗？

步骤 1：按照教师要求进行动态分组，每组选出出题人和记录员。

步骤 2：各小组分别查找各类货物的图片。

步骤 3：每个小组依次由出题人轮流发题（发照片）。

步骤 4：发题小组发题并发布口令后，其他小组开始竞答。

步骤 5：最先抢得竞答权并答对的小组得 3 分，弃权得 1 分，未答对得 −1 分。

步骤 6：依次完成多轮。

步骤 7：完成评价打分（见表 8-1）。

表 8-1　技能训练 8-1 评价表

技能训练	评价项目	分值	评价			合计（100%）
			本组自评（20%）	小组互评（30%）	教师评价（50%）	
8-1	计分结果	60				
	发题照片与结果合理性	20				
	小组成员参与度	20				
小计						

学习单元二　集装箱货物的装箱

学习导入

　　小空所在的公司外贸出口量不断攀升，集装箱的装箱工作也日益繁忙。小空在实习工作中不断遇到各种问题："这批货是打托的，但是有半托货装不进。""那批货是散货混装整箱出口，该怎么装货比较合适？"小空深深地感受到集装箱货物的装箱是一门大学问，而装箱能否顺利进行在很大程度上也决定了此票货物能否按时顺利出运。如何科学合理地进行集装箱货物的装箱作业呢？下面让我们陪伴小空一起去了解相关知识和技能吧。

知识内容

一、选择集装箱

　　在集装箱货物装箱之前，应根据所运输的货物种类、性质、形状、包装、重量、体积以及有关的运输要求等，选择适货的集装箱，如图 8-2 所示。

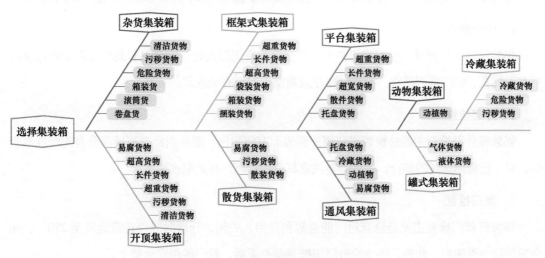

图 8-2　选择集装箱

　　选择集装箱时，除了考虑货物的类型和特性外，还要综合考虑集装箱的载重量、运输路线及其通过能力，以及货物密度与集装箱容重的适应程度。所选择的集装箱应具备的条件如图 8-3 所示。

图 8-3 选择的集装箱应具备的条件

1．集装箱的载重量、运输路线及其通过能力

（1）选择装载量与货物相适应的箱型，其目的在于使集装箱载重量得到充分利用。集装箱的最大载货重量等于总重量减去自重。

（2）根据运输道路通过能力及有关规定，选择相应的运输路线和相对应的箱型。

2．货物密度与集装箱容重的适应程度

（1）货物密度是指货物单位容积的重量，是货物单位重量与货物单位体积之比。

（2）集装箱的容重是指集装箱单位容积的重量，是集装箱最大载货重量与集装箱容积之比。

（3）为了使集装箱的容积和载重量得到充分利用，在选箱时应选择单位容重与货物密度相接近的集装箱。

二、检查集装箱

集装箱在装货之前要进行全面检查，通常检查集装箱内部、外部、箱门、附件和清洁状态。

1．内部检查

集装箱内部检查时，要把箱门关上，检查箱子有无漏光处，这样很容易发现箱顶和箱壁四周有无气孔，箱门是否严密。检查时要注意箱壁内衬板有无水印。

2．外部检查

集装箱外部检查主要是检查集装箱外部表面有何损伤，要特别检查箱顶部分有无气孔等损伤。对于已经修理过的部分，检查时要注意其现状如何，有无漏水现象。

3．箱门检查

集装箱箱门检查主要是检查箱门能否顺利开启、关闭，开启时能否正常运转至 270°，完全关闭后能否密封。此外，还要检查箱门把手是否灵活，箱门能否完全锁上。

4．附件检查

集装箱附件检查主要检查系环、孔眼、框架集装箱和开顶集装箱上使用的布篷和索具、储液槽、防水龙头、通风管、通风口等是否齐备。

5．清洁状态检查

集装箱清洁状态检查主要是检查集装箱内有无垃圾、恶臭、生锈，有无污染，是否潮湿等。

三、装箱作业

集装箱货物的装箱作业通常有三种方法：一是全部用人力装箱；二是用叉式装卸车搬进箱内，再用人力堆装；三是全部采用机械化装箱，如托盘货使用叉式装卸车在箱内堆装。

1．典型货物的装箱操作

（1）纸箱货的装箱操作。装箱要从箱里往外装或者从两侧往中间装。如集装箱内装的是统一尺寸的大型纸箱，可能会产生空隙。当空隙为 10cm 左右时，一般不需要对货物进行固定；当空隙较大时，需要按货物具体情况加以固定。当纵向产生 250～300cm 的空隙时，可以利用上层货物的重量把下层货物压住，但最上层货物一定要塞满或加以固定。如果不同尺寸的纸箱混装，应就纸箱大小合理搭配，做到紧密堆装。如所装的纸箱很重，在集装箱的中间层需要适当地加以衬垫。

拼箱的纸箱货应进行隔票处理。隔票时，可用纸、网、胶合板、吸塑防静电托盘等材料，也可以用粉笔、带子等做记号。纸箱货不足以装满一个集装箱时，应注意纸箱的堆垛高度，以满足使集装箱底面占满的要求。箱门端留有较大的空隙时，需要利用方形木条来固定货物。装载小型纸箱货时，为了防止塌货，可采用纵横交叉的堆装法。

（2）木箱货的装箱操作。木箱种类繁多，尺寸和重量各异。

装载较重的小型箱子时，可采用骑缝装法，使上层的箱子压在下层两个箱子的接缝上，最上一层的箱子必须加以固定或塞紧。装载小型箱子时，如箱门端留有较大的空隙，则必须利用木板或木条加以固定或撑紧。

对于重心较低的重大箱子、大箱子，如果只能装一层且不能充分利用集装箱底部面积，应将其装在集装箱的中央区，底部横向必须用方形木条加以固定。对于重心高的箱子，仅靠底部固定是不够的，还必须在上面用木条撑紧。体积较大的木箱可考虑使用开顶柜装载，但这种木箱货件必须是不怕湿的货物，因为即使在开顶柜的箱顶蒙上帆布，也很难保证不渗水。

装载框箱时，通常使用钢带拉紧，或者使用具有弹性的尼龙带或布袋来代替钢带。

（3）托盘货的装箱操作。托盘上通常装载纸箱货和袋装货。对于纸箱货，上下层之间可用粘贴法固定。袋装货装板后，要求袋子的尺寸与托盘的尺寸一致，对于比较滑的袋装货也要用粘贴法固定。

当在集装箱内横向只能装一块托盘时，必须将货物放在集装箱的中央，并用纵向垫木等加以固定。装载两层以上的货物时，无论空隙在横向或纵向，底部都应用档木固定，而上层托盘货还需要用跨档木条塞紧。

使用框架集装箱装载托盘货时，必须使集装箱前后、左右的重量平衡。装货后应用带子把货物拉紧，货物装完后，集装箱上应加罩帆布或塑料薄膜。

袋装的托盘货应根据袋包的尺寸，将不同尺寸的托盘搭配起来，以充分利用集装箱的容积。

（4）捆包货的装箱操作。捆包货包括纸浆、板纸、羊毛、棉花、面布、棉织品、纺织品、纤维制品以及废旧物料等，其平均每件重量和容积比纸箱货和小型木箱货大。捆包货一般采用杂货集装箱（干货柜、普柜）装载。

捆包货包装形态因货种不同而存在很大的差异，装箱的捆包单位体积一般不宜超过 $0.566m^3$（$20ft^3$），否则装箱及拆箱都有一定困难。捆包的堆积不受方向限制，在箱内可做纵向或横内堆积，也可竖内堆积，堆积方式的选定以空隙最小为原则。

捆包货一般可横向装载或竖向装载，此时可充分利用集装箱箱容。捆包货装载时一般都要用厚木板等进行衬垫。用粗布包装的捆包装，在箱门处可能倒塌，对这种捆包在箱门内 0.3m 处要利用环扣和绳索进行绑扎。集装箱内可能有棱角、突起物（螺丝钉等）会损坏货件包装，对这些部位应加以适应的衬垫。

（5）袋装货的装箱操作。袋包装的种类有麻袋、布袋、塑料袋、纸袋等，主要装载的货物有粮食、咖啡、可可、化肥、水泥、粉状化学品等。除某些袋装货物须使用通风集装箱等特殊集装箱外，一般都使用杂货集装箱（通风柜、普柜）。通常袋包装材料的抗潮、抗水湿能力较弱，故装箱完毕后，最好在货物顶部铺设塑料等防水遮盖物。

袋装货一般容易倒塌和滑动，可采用压缝方式堆积或者用粘贴剂固定，或在袋装货中间插入衬垫板和防滑粗板。袋装货一般在中间呈鼓凸形，常用堆装方法有砌墙法和交叉法。为防止袋装货堆装过高而发生塌货事故，需用系绑用具加以固定。必要时可采用货板成组方式，作业较简便，并可提高作业效率，但缺点是货板本身要占据一定的载货空间，使货物装箱数量有所减少。

（6）滚筒货的装箱操作。卷纸、卷钢、钢丝绳、电缆、盘圆等卷盘货，塑料薄膜、柏油纸、钢纸等滚筒货，以及轮胎、瓦管等均属于滚动类货物。滚筒货装箱时，要注意消除滚动的特性，做到有效、合理地装载。

1）卷纸类货物。此类货物原则上应竖装，并保证卷纸两端的端面不受污损。此外，要把靠近箱门口的几个卷纸与内侧的几个卷纸用钢带捆一起，并用填充物将箱门口处的空隙填满，将货物固定。

2）盘圆。盘圆是一种只能用机械装载的重货，一般在箱底只能装一层。最好使用井字形的盘圆架。对于大型盘圆，还可以用直板、系板、夹件等在集装箱箱底进行固定。

3）电缆。电缆是绕在电缆盘上进行运输的，装载电缆盘时也应注意箱底的局部强度问题。大型电缆盘在集装箱内只能装一层，一般使用支架防止滚动。

4）卷钢。卷钢虽然也属于集中负荷的货物，但是热轧钢卷一般比电缆轻。装载卷钢时，一定要使货物之间互相贴紧，并装在集装箱的中央。对于重3t左右的卷钢，除用钢丝绳或钢带通过箱内系环将卷钢系紧外，还应在卷钢之间用钢丝绳或钢带连接起来；对于重5t左右的卷钢，还应再用方形木条加以固定。固定时通常使用钢丝绳，而不用钢带，因为钢带容易断裂。

5）轮胎。对于普通卡车用的小型轮胎采用竖装、横装都可以，但横装时比较稳定，不需要特别加以固定。大型轮胎则以竖装为多，应根据轮胎的直径、厚度来研究其装载方法，并加以固定。

（7）桶装货的装箱操作。桶装货一般包括各种油类、液体和粉末类的化学制品、酒精、糖浆等，其包装形式有铁桶、木桶、塑料桶、胶合板桶和纸板桶五种。除桶口在腰部的传统鼓形木桶外，桶装货在集装箱内均以桶口向上的竖立方式堆装。由于桶体呈圆柱形，因此在桶装货件装箱时，应充分注意桶的外形尺寸，并根据具体尺寸决定堆装方法。

1）铁桶。集装箱运输中以$0.25m^3$的铁桶最为常见，这种铁桶在集装箱内可堆装两层，每个20ft集装箱内一般可装80桶。装载时要求桶与桶之间要靠近，对于桶上有凸缘的铁桶，为了使桶与桶之间的凸缘错开，每隔一行要垫一块垫高板，装载第二层时同样要垫上垫高板，而不垫垫高板的这一行也要垫上胶合板，使上层桶装载稳定。

2）木桶。木桶一般呈鼓形，两端有铁箍，由于竖装时容易脱盖，故原则上要求横向装载。横装时在木桶的两端垫上木契，木契的高度要使桶中央能离开箱底，不让桶的腰部受力。

3）纸板桶。纸板桶的装载方法与铁桶相似，但其强度较弱，故在装箱时应注意不能使其翻倒而产生破损。装载时必须竖装；装载层数要根据桶的强度而定，有时要有一定限制；上下层之间一定要插入胶合板做衬垫，以分散负荷。

（8）薄板货的装箱操作。薄板货主要是指纤维板、薄钢板、胶合板、玻璃板、木制或钢制的门框等。这些货物的包装形式一般是裸装或者先装入木箱。这类货物的装载方法各有不同，有的需要横装，有的需要竖装。比如，纤维板、胶合板等一般要求横装；而玻璃板则必须竖装。考虑到装卸的便利性，对这类货物可选用开顶式集装箱装载。用集装箱装载薄板货，其货物本身要用钢带、布带或具有收缩性的塑料等固定在柜子上。

2．特殊货物的装箱操作

（1）超尺度和超重货物的装箱操作。超尺度货物是指货物的尺度超过了国际标准集装箱的尺寸而装载不下的货物，超重货物是指货物重量超过了国际标准集装箱的最大载货重量而不能装载的货物。集装箱船的箱格（格栅）结构和装卸集装箱的机械设备是根据集装箱标准来设计的。因此，如果货物的尺寸、重量超过了这一标准规格，则会对集装箱船的装卸和集装箱自身的做柜、拆柜作业造成一定的困难。

1）超高货物。超高货物是指货物的高度超过集装箱箱门高度的货物。通常，干货集装箱箱门的有效高度是：20ft 集装箱为 2265 ～ 2284mm，40ft 集装箱为 2265 ～ 2284mm，40ft 高箱集装箱为 2290 ～ 2310mm。如货物超过了箱门高度，则属于超高货物。超高货物只能用开顶式集装箱或板架式集装箱装载。装载超高件货时，通常只能将该箱子堆放在舱内或甲板上的最高层，该箱的上部不能再配载其他集装箱。

2）超宽货物。超宽货物受到集装箱结构的限制和装卸作业条件、集装箱船装载条件的限制。集装箱对超宽货物的限制主要由箱格结构入口导槽的形状决定。另外，在堆放集装箱时，集装箱之间的空隙大小对超宽货物也有相应的限制。通常日本集装箱船之间空隙为 200mm 左右，而其他国家船舶约为 180mm。如果所装的超宽货物不超过上述范围，一般在箱格内是可以装载的，而且装载箱与箱格导柱之间有一些超宽余量（一般为 80 ～ 150mm）。

3）超长货物。超长货物一般只能用板架式集装箱装载，并利用机械进行装卸。装载时，需将集装箱两端的插板取下，装货时把插板铺在货物下面。超长货物的超长量有一定限制，最大不得超过 306mm。在箱格结构的集装箱船上，舱内是不能装载超长货的。

4）超重货物。集装箱加上所装货物的总重是有限制的。20ft 集装箱的装货重量为 20lt.（20.32t），40ft 集装箱的装货重量为 30lt.（30.48t），所有与其有关的运输工具和装卸机械都是根据这一总重来设计，以使其重量能符合运输设备和装卸设备的要求。超重货物装箱时，要注意重量的均匀分布，应将超重货物放在箱内的中心位置。

（2）液体散货的装箱操作。液体货物集装箱装运分两种情况，一是直接装入罐式集装箱运输，二是将液体货物装入其他容器（如桶）后再装入集装箱运输。采用罐式集装箱装运液体散货时，通常要注意以下事项。

1）确认箱内的涂料能否满足货物的运输要求；如果不适合，有时可使用内衬袋。

2）查明货物的比重与集装箱允许载重量与容积的比值是否一致或接近。当货物比重较大，且只装半罐时，不能采取罐式集装箱装载，因为半罐装会出现巨大的自由液面，从而降低船舶的稳定性。另外，半罐装使得罐体结构受到巨大的损伤，给货物的装卸和运输带来危险。

3）检查必备的管道、排空设备、安全阀是否完备有效。

4）在货物运输和装卸过程中，应根据货物的特性考虑是否需要加温，并确认装货、卸货地点有蒸汽源和电源。

（3）冷藏货物的装箱操作。冷藏货物分为冷冻货和低温货两种。冷冻货是指货物在冻结状态下进行运输的货物，运输温度的范围一般在 $-20 \sim -10℃$。低温货是指货物在还未冻结或货物表面有一层薄薄的冻结层的状态下进行运输的货物，运输温度的范围一般在 $-1 \sim 16℃$。

冷藏货物装箱前的检查准备和装载注意事项如图 8-4 所示。

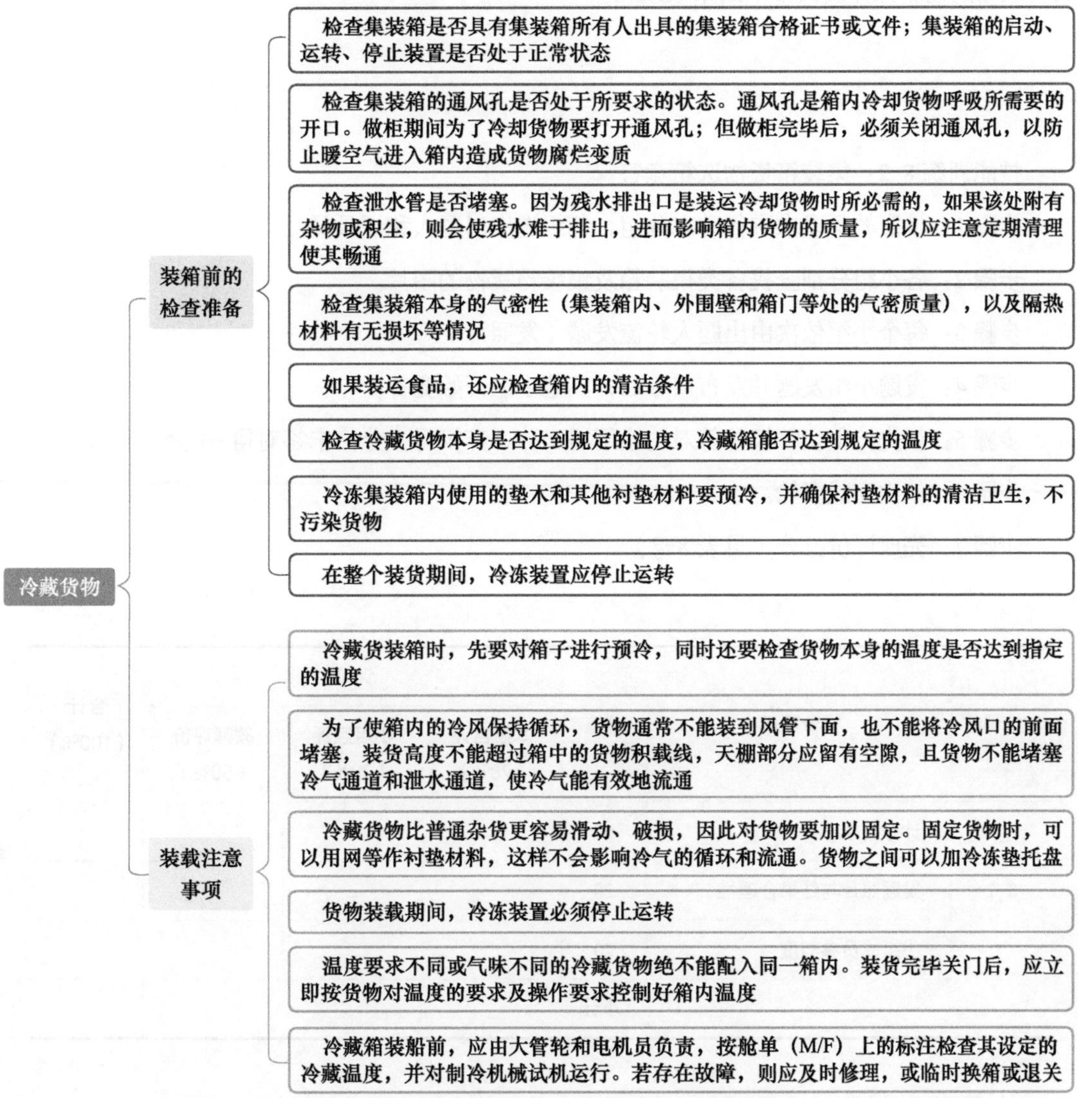

图 8-4　冷藏货物装箱前的检查准备和装载注意事项

（4）危险货物的装箱操作。装运危险货物的集装箱必须带有表明符合《国际集装箱安全公约》要求的"CSC 安全合格"金属标牌。装有危险货物的集装箱必须配备"集装箱装运危险货物装箱证明书"。装有危险货物的集装箱，其箱体两端和两侧均需粘贴符合国际危险物装载规定的危险货物的主、副标牌或海洋污染物标记。

【拓展阅读】

请扫一扫活页中二维码"助学案例 8-2：'保税＋出口'货物集装箱混拼"，了解集装箱货物装箱的创新操作及其带来的乘数效应。

▪ 技能训练 ▪

技能训练 8-2：集装箱货物选箱竞答

步骤 1：按照教师要求进行动态分组，每组选出出题人和记录员。

步骤 2：各小组分别查找各类集装箱及集装箱货物的图片。

步骤 3：每个小组依次由出题人轮流发题（发照片）。

步骤 4：发题小组发题并发布口令后，其他小组开始竞答。

步骤 5：最先抢得竞答权并答对的小组得 3 分，弃权得 1 分，未答对得 -1 分。

步骤 6：依次完成多轮。

步骤 7：完成评价打分（见表 8-2）。

表 8-2　技能训练 8-2 评价表

技能训练	评价项目	分值	评价			合计（100%）
			本组自评（20%）	小组互评（30%）	教师评价（50%）	
8-2	计分结果	60				
	发题照片与结果合理性	20				
	小组成员参与度	20				
小计						

学习单元三 集装箱货物汗湿防范措施

🛫 学习导入

小空在实习中了解到全球各地经济贸易货物有 90% 以上是通过集装箱来运输的，大多数类型货物通过集装箱运输相对经济且安全。但是将货物置于一个相对密闭的钢铁容器中运输，也容易受到集装箱雨的损害。什么是集装箱雨呢？它会对集装箱货物造成怎样的不利影响呢？怎样防止集装箱雨对货物的损伤呢？现在就让我们陪伴小空一起来了解相关的知识吧。

🛫 知识内容

集装箱货物汗湿（见图 8-5）是集装箱货物发生残损的主要原因之一。当货物使用封闭式集装箱时，甚至比装载在杂货船的货舱内更容易发生货物汗湿损坏。集装箱货物湿损具体表现为：①外包装变形、垮塌。②商品受潮、发霉、锈蚀、质量劣变。

可见，货物汗湿不仅影响货物的包装、外观，有时还损害货物的质量，使货物丧失使用价值。因此，在做好集装箱货物积载工作的同时，还要做好集装箱货物汗湿的预防工作，掌握汗湿货物的处理方法。

图 8-5　集装箱货物汗湿

一、集装箱货物汗湿现象

当货物装载在封闭式集装箱时，由于封闭式集装箱无法控制和调节箱内的温湿度，使得箱壁或者货物表面产生"出汗"现象，即货物汗湿，其具体表现有结露、集装箱雾雨和货物汗。

1. 结露

当空气中的水汽含量不变，随着环境温度的下降，空气的湿度逐渐升高。当温度下降到一定程度时，空气中的水汽将达到饱和状态，即空气湿度达到 100%。若环境温度继续下降，空气中过饱和的水汽开始凝结并析出水分，这一现象称为结露（见图 8-6）。出现"结露"的温度称为结露温度，简称为"露点"。

2．集装箱雾雨

集装箱外部温度下降时，最明显的潮湿问题便会出现。温度下降时，集装箱壁和箱顶的温度变得比箱内空气温度低，导致表面出现凝结水。情况严重时，这些凝结水会滴落或顺着箱壁流下，这种现象叫作集装箱雾雨（见图8-7）。

3．货物汗

含水货物或包装材料在经历温度升高时，其所含水分会发生汽化，产生的水汽遇到外包装等较冷表面时会发生液化，这种现象叫作货物汗（见图8-8）。集装箱货物由高温地区向低温地区运输过程中，环境温度会逐渐下降，整个商品体系的热量散失通过产品中的水分逐渐向环境中转移来实现，也会产生货物汗。

图 8-6　结露　　　　　　　　图 8-7　集装箱雾雨　　　　　　　　图 8-8　货物汗

集装箱内环境中水蒸气的运动状态是由下向上集中，当遇到低温的集装箱箱顶时，水蒸气会向箱顶传递热量，冷凝成液态水，即露水悬挂于集装箱顶部。当水珠凝聚至一定尺寸或箱体振动时，水珠与箱顶分离向下滴落，或沿着箱壁形成沟流，若落在商品表面，即造成湿损。水汽一旦凝结成液态水，落到商品表面或内部，将给商品带来不可逆转的伤害。即使商品再升温，将所吸收的液态水再汽化，商品仍然无法恢复至受损前的状态。

二、集装箱货物汗湿原因

（1）在港口集装箱堆场上，最上层集装箱普遍受到水泥场地辐射热的影响。

（2）由于船舶甲板上的集装箱受外界温度变化的影响较严重，所以甲板最上层和两侧最外部的集装箱最易发生汗湿。

（3）积载在船首部两侧的集装箱会因为受到海水冲击而使箱壁急剧冷却，箱内温度较高的空气因急剧冷却会出现严重的结露现象。

（4）箱内本身含有水分，其来源主要包括：

1）集装箱底板未曾干透而含有水分。

2）箱内冲水清洗后，底板表面看似干燥，而实际上内部尚未干透。

3）货物含有水分或货物包装材料含有一些水分。

4）托盘及垫木等曾受潮而含有一定的水分等，在气温较高的环境下散发出来，从而增大了箱内空气的绝对湿度。

三、防止集装箱货物汗湿的措施

为了提高集装箱运输的质量，控制货物的汗湿现象，一般可以采取以下措施。

1. 降低箱内空气的绝对湿度

封闭式集装箱几乎是气密的，基本上可断绝与外界空气的流通，所以降低箱内空气的绝对湿度，可以防止结露。

（1）货物装箱要在干燥且晴朗的天气下进行，尽量避免在阴雨、湿度较大的条件下装箱。

（2）货物包装材料要保持干燥，如果货物或其包装材料较为潮湿，在不得已进行装箱时，应紧密堆装，使货件之间的空气不易顺畅对流。

（3）加固及衬垫材料应保持干燥。

（4）在箱内放置高效的吸湿剂，如硅胶等（见图8-9）。

图8-9　集装箱内放置吸湿剂

2. 防止箱内壁面的温度急剧变化

集装箱顶板由单层铝合金或钢板构制成，因其热传导率较高，对外界温度变化的反应极为敏感，极易导致内壁出汗。因此，应尽可能使用内壁附有隔垫材料的集装箱。比如，在集装箱内壁贴附一层隔热的胶合板，可以有效改善内壁出汗的情况。

3. 其他措施

当集装箱本身无法抵御外界温度和湿度变化的影响时，可采取下列措施，以尽量减少货物湿损。

（1）在顶板及侧板上铺盖隔热材料或用吸水性材料覆盖顶板。

（2）货物本身使用塑料薄膜密封包装，并在其内部再放置硅胶或使用真空包装。

（3）对于易生锈货物，应预先进行表面处理，以防汗湿锈蚀。

（4）在装载成组货物时，应尽量使货物之间保持坚实致密，减少货物与空气的接触面，从而减轻汗湿的影响。

▪ 技能训练 ▪

技能训练 8-3：集装箱货物运输案例分析

步骤 1：按照教师要求进行动态分组，每组选出组长和记录员。

步骤 2：查阅相关资料文献，梳理集装箱货物运输案例。

步骤 3：小组进行"ME-WE-US"结构化研讨，填写活页任务单。

步骤 4：各组选派 1 名代表交流汇报。

步骤 5：完成评价打分（见表 8-3）。

表 8-3　技能训练 8-3 评价表

技能训练	评价项目	分值	评价			合计（100%）
			本组自评（20%）	小组互评（30%）	教师评价（50%）	
8-3	能够正确填写表格	50				
	能够小组结构化研讨	30				
	能够清晰分享小组观点	20				
小计						

—— · 巩固练习 · ——

一、单项选择题

1. 不适合集装箱运输的货物有（　　）。

　　A. 小型电器　　　　B. 医药品　　　　C. 纺织品　　　　D. 废铁

2. （　　）是集装箱整箱货。

　　A. FCL　　　　　　B. CFS　　　　　　C. CY　　　　　　D. LCL

3. 按照货物适箱程度划分的货物类别不含（　　）。

　　A. 最适箱货　　　　B. 适箱货　　　　C. 清洁货　　　　D. 临界货

4. 集装箱超长货物的超长量最大不超过（　　）mm。

　　A. 150　　　　　　B. 280　　　　　　C. 306　　　　　　D. 350

5. 危险货物装箱时，不正确的做法是（　　）。

　　A. 每一票危险货物必须具备危险货物申报单

　　B. 作业人员操作时应穿防护服，戴防护面具和手套

　　C. 危险货物与其他货物混载时，应尽量把危险货物装在集装箱里面

　　D. 装有危险货物的集装箱必须粘贴危险品标志

二、多项选择题

1. 下列货物中可用于集装箱运输的是（　　）。

　　A. 仪器仪表、小型机械　　　　　　B. 工艺品、文化体育用品

　　C. 建材、医药、针纺织品　　　　　　D. 易腐、鲜活货物

2. 以下说法不正确的是（　　）。

　　A. 集装箱是货物包装的一种

　　B. 集装箱货物对运输费用的负担能力较强

　　C. 经过检验检疫的动植物也可以同普通货物混装在同一箱内

　　D. 装载危险品的集装箱卸空后再也不能用来装载其他类别的货物

3. 集装箱在装货之前全面检查的内容包括（　　）。

　　A. 内部检查　　　B. 附件检查　　　C. 箱门检查　　　D. 清洁状态检查

　　E. 外部检查

4. 集装箱货物汗湿现象包括（　　　　）。

    A. 结露　　　　　　B. 雾雨　　　　　　　C. 货物汗　　　　　D. 落水

5. 下列货物中不适合集装箱化的有（　　　）。

    A. 照相机　　　　　B. 废铁　　　　　　　C. 电线　　　　　　D. 大理石

三、简答题

1. 简述集装箱货物的定义和特点。

2. 简述集装箱按照货物适箱程度的分类。

3. 简述集装箱装货之前全面检查的具体内容。

4. 简述如何根据货物特性选择集装箱。

5. 简述集装箱货物汗湿的防范措施。

四、论述题

请列举一类集装箱货物并说明其特性，该类货物应如何装箱，操作中有何注意事项？

五、案例分析题

某箱包进出口公司（简称 A 公司）与某采购公司（简称 B 公司）按 CIF 条款签订一份出口箱包的合同。根据合同规定，由 A 公司向 C 海运公司办理订舱。C 海运公司接受订舱后进行配载，并运载空集装箱至 A 公司的生产厂家进行装箱。由于 A 公司业务繁忙，业务员没有到生产厂家亲自查看整批货物装箱情况。货物装箱完毕后，C 海运公司直接将已装货的集装箱运至堆场，并及时在某保险公司为该批货物投保了一切险。装船后，A 公司及时将装船通知以电传方式通知了 B 公司，并将该批货物的保单背书转让，委托银行托收货款。一个月后，B 公司向 A 公司提出索赔，理由是箱包有很大的刺激气味，影响销售。A 公司接到 B 公司的索赔后，立即查找原因。经查，箱包之所以产生刺激气味，是由于集装箱油漆未干透所致，属于保险公司的免责范围。由于 A 公司业务员未能在现场监装，没有发现集装箱油漆未干透，致使货物产生刺激气味，影响销售，应该承担一定的责任，于是同意降价 10%，了结此案。

阅读以上案例，请思考

问题 1：本案例中的集装箱货物是什么，是否属于适箱货物？

问题 2：本案例中的集装箱货损是何原因导致的？如何进行防范？

扫\码\看\答\案

请扫描项目八活页部分，观看巩固练习参考答案。

参 考 文 献

[1] 邢凯旋. 货物学 [M]. 上海：上海交通大学出版社，2008.

[2] 张彤. 货物学基础 [M]. 2版. 北京：清华大学出版社，2021.

[3] 周艳，王波，白燕. 货物学 [M]. 北京：清华大学出版社，2015.

[4] 霍红，牟维哲，徐玲玲. 货物学 [M]. 4版. 北京：中国人民大学出版社，2022.

[5] 国家标准局. 运输包装收发货标志：GB/T 6388—1986[S/OL]. http://c.gb688.cn/bzgk/gb/showGb?type=online&hcno=160472E167424D285C573367E07BD2B2.

[6] 中华人民共和国国家质量监督检验检疫总局，中国国家标准化管理委员会. 包装储运图示标志：GB/T 191—2008[S]. 北京：中国标准出版社，2008.

[7] 中华人民共和国国家质量监督检验检疫总局，中国国家标准化管理委员会. 包装术语　第1部分：基础：GB/T 4122.1—2008[S]. 北京：中国标准出版社，2009.

[8] 中华人民共和国国家质量监督检验检疫总局，中国国家标准化管理委员会. 危险货物分类和品名编号：GB 6944—2012[S]. 北京：中国标准出版社，2012.

[9] 中华人民共和国国家质量监督检验检疫总局，中国国家标准化管理委员会. 危险货物包装标志：GB 190—2009[S]. 北京：中国标准出版社，2010.

高等职业教育物流创新人才培养系列教材
物流与供应链国家创新教学团队成果教材

货物学
活页学习手册

孔月红　主编

扫码获取资源：导学视频、助学案例、习题答案

目 录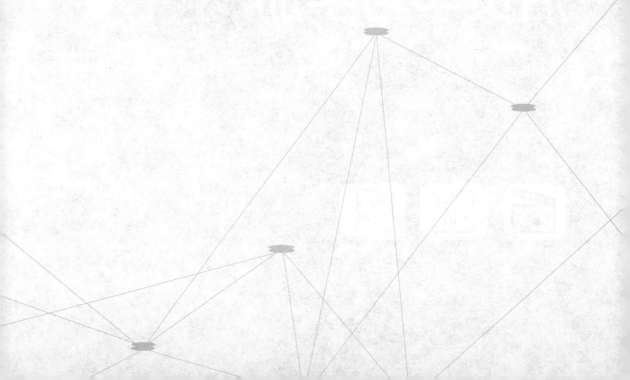

项目一　货物与货物学概述

学习项目	货物与货物学概述		
学习人员		学习时间	
学习方式		完成情况	☐完成　　☐部分完成　　☐未完成

	扫描二维码　　　主动学资源　　　看谁笔记棒		
学习资源	导学视频 1-1：我是货物吗？		导学视频 1-2：货物的性质
	导学视频 1-3：思维导图的绘制		助学案例 1-1：货物的自然特性或固有缺陷造成货物损失的，承运人能否免责？
	助学案例 1-2：身边的计量——定量包装商品计量小知识		巩固练习参考答案
学习笔记			

学习单元一 认识货物

活页任务单	认识货物		
学习项目	货物与货物学概述	学习任务	认识货物
学习小组		工作时间	
分工情况			

技能训练 1-1: 我是物流中的货物吗?			

导学视频 1-1: 我是货物吗?

请将小组研讨结果填入下表:

研讨结果	原因描述
是物流中的货物	一、ME-think 二、WE-pair 三、US-share
不是物流中的货物	一、ME-think 二、WE-pair 三、US-share

组长		记录员	
汇报人员		监督员	
研讨记录			
组员签字			

学习单元二 货物的基本性质

活页任务单	货物的基本性质		
学习项目	货物与货物学概述	学习任务	货物的基本性质
学习小组		工作时间	
分工情况			
技能训练 1-2：绘制货物性质思维导图			
	（思维导图粘贴处）		
组长		记录员	
汇报人员		监督员	
研讨记录			
组员签字			

学习单元三 货物的计量

活页任务单	货物的计量		
学习项目	货物与货物学概述	学习任务	货物的计量
学习小组		工作时间	
分工情况			
技能训练 1-3：数量计量方法应用			

请将各小组积分记录如下（正确积 3 分，弃权积 1 分，错误积 -1 分）

题号	第一组	第二组	第三组	第四组	第五组	第六组	备注
1							
2							
3							
4							
5							
6							
7							
8							
9							
10							
11							
12							
13							
14							
15							
合计							

组长		记录员	
汇报人员		监督员	
研讨记录			
组员签字			

项目二　货物的分类与编码

学习项目	货物的分类与编码			
学习人员		学习时间		
学习方式		完成情况	□完成　　　□部分完成	□未完成
	扫描二维码　　　主动学资源　　　看谁笔记棒			
学习资源	导学视频 2-1：货物的分类 助学案例 2-1：货物分类解析大全 巩固练习参考答案		导学视频 2-2：货物（商品）的编码 助学案例 2-2：划重点，超全面的物料编码原则！	
学习笔记				

学习单元一　货物的分类

活页任务单	货物的分类		
学习项目	货物的分类与编码	学习任务	货物的分类
学习小组		工作时间	
分工情况			
技能训练 2-1：线分类的应用			

（截图粘贴处）

组长		记录员	
汇报人员		监督员	
研讨记录			
组员签字			

学习单元二　货物的目录和编码

活页任务单	货物的目录和编码					
学习项目	货物的分类与编码		学习任务		货物的目录和编码	
学习小组			工作时间			
分工情况						
技能训练 2-2：EAN-13 码辨识						

请将各小组积分记录如下（正确积 3 分，弃权积 1 分，错误积 –1 分）

题号	第一组	第二组	第三组	第四组	第五组	第六组	备注
1							
2							
3							
4							
5							
6							
7							
8							
9							
10							
合计							

组长		记录员	
汇报人员		监督员	
研讨记录			
组员签字			

项目三　货物的质量与标准

学习项目		货物的质量与标准		
学习人员		学习时间		
学习方式		完成情况	□完成　　　　□部分完成　　　　□未完成	
	扫描二维码　　　　主动学资源　　　　看谁笔记棒			

学习资源

导学视频 3-1：排列图的绘制

导学视频 3-2：调查问卷法

导学视频 3-3：货物标准的分类

助学案例 3-1：从操作标准化看大国工匠精神

巩固练习参考答案

学习笔记

学习单元一　认识货物质量

活页任务单	认识货物质量		
学习项目	货物的质量与标准	学习任务	认识货物质量
学习小组		工作时间	
分工情况			
技能训练 3-1：鱼骨分析图的应用			

（请在空白区域绘制鱼骨分析图）

组长		记录员	
汇报人员		监督员	
研讨记录			
组员签字			

学习单元二　货物标准

活页任务单	货物标准			
学习项目	货物的质量与标准	学习任务		货物标准
学习小组		工作时间		
分工情况				
技能训练 3-2：辨析货物标准类别				
	（思维导图粘贴处）			
组长		记录员		
汇报人员		监督员		
研讨记录				
组员签字				

学习单元三 物流标准化

活页任务单	物流标准化		
学习项目	货物的质量与标准	学习任务	物流标准化
学习小组		工作时间	
分工情况			
技能训练 3-3：分析评价带板运输			

托举未来

（问题整理记录）

组长		记录员	
汇报人员		监督员	
研讨记录			
组员签字			

项目四 货物检验

学习项目	货物检验		
学习人员		学习时间	
学习方式		完成情况	□完成　　　　□部分完成　　　　□未完成

	扫描二维码　　　主动学资源　　　看谁笔记棒	
学习资源	导学视频 4-1：货物检验的类别	导学视频 4-2：货物检验的内容
	助学案例 4-1：货物检验的其他类型	助学案例 4-2：进出口商品数量重量检验鉴定管理办法
	助学案例 4-3：茶叶检验方法	巩固练习参考答案
学习笔记		

学习单元一 认识货物检验

活页任务单	认识货物检验		
学习项目	货物检验	学习任务	认识货物检验
学习小组		工作时间	
分工情况			
技能训练 4-1：绘制货物检验分类思维导图			

（思维导图粘贴处）

组长		记录员	
汇报人员		监督员	
研讨记录			
组员签字			

学习单元二　货物检验内容

活页任务单	货物检验内容		
学习项目	货物检验	学习任务	货物检验内容
学习小组		工作时间	
分工情况			
技能训练 4-2：设计货物包装检验卡			

（包装检验卡粘贴处）

组长		记录员	
汇报人员		监督员	
研讨记录			
组员签字			

学习单元三　货物检验方法

活页任务单	货物检验方法		
学习项目	货物检验	学习任务	货物检验方法
学习小组		工作时间	
分工情况			
技能训练 4-3：查找货物检验相关规定			

（思维导图粘贴处）

组长		记录员	
汇报人员		监督员	
研讨记录			
组员签字			

项目五　货物包装与标志

学习项目	货物包装与标志				
学习人员		学习时间			
学习方式		完成情况	□完成	□部分完成	□未完成

	扫描二维码　　　主动学资源　　　看谁笔记棒	
学习资源	导学视频 5-1：货物包装分类	导学视频 5-2：货物的包装技术
	助学案例 5-1：瓦楞纸板的类型与特点	助学案例 5-2：瓦楞纸箱
	助学案例 5-3：新型包装材料	助学案例 5-4：最新包装技术
	助学案例 5-5：包装储运图示标志	巩固练习参考答案
学习笔记		

学习单元一　认识货物包装

活页任务单	认识货物包装		
学习项目	货物包装与标志	学习任务	认识货物包装
学习小组		工作时间	
分工情况			
技能训练 5-1：古代包装技术竞答			

1. 竞答题目整理

2. 小组积分记录

请将各小组积分记录如下（正确积 3 分，弃权积 1 分，错误积 –1 分）

题号	第一组	第二组	第三组	第四组	第五组	第六组	备注
1							
2							
3							
4							
5							
6							
7							
8							
9							
10							
合计							

组长		记录员	
汇报人员		监督员	
研讨记录			
组员签字			

学习单元二 货物包装材料

活页任务单	货物包装材料		
学习项目	货物包装与标志	学习任务	货物包装材料
学习小组		工作时间	
分工情况			
技能训练 5-2：包装材料及包装物归类训练			
	（思维导图粘贴处）		
组长		记录员	
汇报人员		监督员	
研讨记录			
组员签字			

学习单元三　包装技术与方法

活页任务单	包装技术与方法		
学习项目	货物包装与标志	学习任务	包装技术与方法
学习小组		工作时间	
分工情况			
技能训练 5-3：包装技术我来说			

1. 竞答题目整理

2. 小组积分记录

请将各小组积分记录如下（正确积 3 分，弃权积 1 分，错误积 -1 分）

题号	第一组	第二组	第三组	第四组	第五组	第六组	备注
1							
2							
3							
4							
5							
6							
7							
8							
9							
10							
合计							

组长		记录员	
汇报人员		监督员	
研讨记录			
组员签字			

学习单元四 包装标志

活页任务单		包装标志		
学习项目	货物包装与标志	学习任务		包装标志
学习小组		工作时间		
分工情况				
技能训练 5-4：包装标志连连看				

1. 竞答题目整理

2. 小组积分记录

请将各小组积分记录如下（正确积 3 分，弃权积 1 分，错误积 −1 分）

题号	第一组	第二组	第三组	第四组	第五组	第六组	备注
1							
2							
3							
4							
5							
6							
7							
8							
9							
10							
合计							

组长		记录员	
汇报人员		监督员	
研讨记录			
组员签字			

项目六　货物储存与养护

学习项目	货物储存与养护		
学习人员		学习时间	
学习方式		完成情况	□完成　　　　□部分完成　　　　□未完成

扫描二维码	主动学资源	看谁笔记棒

学习资源

导学视频 6-1：货物的堆码

导学视频 6-2：货物养护技术与方法

助学案例 6-1：中储从传统储运企业向现代物流企业转变

助学案例 6-2：制定垫垛方案

巩固练习参考答案

学习笔记

学习单元一 认识货物储存

活页任务单	认识货物储存		
学习项目	货物储存与养护	学习任务	认识货物储存
学习小组		工作时间	
分工情况			
技能训练 6-1：古代包装我知道			

1. 请将小组查阅的我国古代货物包装材料及技术填入下表

序号	出现时代	包装材料	包装技术	备注
1				
2				
3				
4				

2. 请将小组头脑风暴思维导图粘贴或填写在下方

组长		记录员	
汇报人员		监督员	
研讨记录			
组员签字			

学习单元二　货物垫垛与苫盖

活页任务单	货物垫垛与苫盖		
学习项目	货物储存与养护	学习任务	货物垫垛与苫盖
学习小组		工作时间	
分工情况			
技能训练 6-2：货物垛型及垫垛材料竞答			

1. 竞答题目整理

2. 小组积分记录

请将各小组积分记录如下（正确积 3 分，弃权积 1 分，错误积 –1 分）

题号	第一组	第二组	第三组	第四组	第五组	第六组	备注
1							
2							
3							
4							
5							
6							
7							
8							
9							
10							
合计							

组长		记录员	
汇报人员		监督员	
研讨记录			
组员签字			

学习单元三 货物养护技术与方法

活页任务单	货物养护技术与方法		
学习项目	货物储存与养护	学习任务	货物养护技术与方法
学习小组		工作时间	
分工情况			
技能训练6-3：梳理最新储存与养护技术			

1. 请将小组梳理的最新储存与养护技术填入下表

序号	技术类型	方法名称	操作要点
1	□储存技术 □养护技术		
2	□储存技术 □养护技术		
3	□储存技术 □养护技术		
4	□储存技术 □养护技术		

2. 请将小组头脑风暴思维导图粘贴或填写在下方

组长		记录员	
汇报人员		监督员	
研讨记录			
组员签字			

项目七　危险品货物

学习项目	危险品货物		
学习人员		学习时间	
学习方式		完成情况	□完成　　□部分完成　　□未完成
	扫描二维码　　　主动学资源　　　看谁笔记棒		

学习资源

助学案例 7-1：常见危险品货物

助学案例 7-2：危险货物道路运输安全管理办法

巩固练习参考答案

学习笔记

学习单元一 认识危险货物

活页任务单	认识危险货物		
学习项目	危险品货物	学习任务	认识危险货物
学习小组		工作时间	
分工情况			
技能训练 7-1：我是危险货物吗？			

1. 竞答题目整理

2. 小组积分记录

请将各小组积分记录如下（正确积 3 分，弃权积 1 分，错误积 –1 分）

题号	第一组	第二组	第三组	第四组	第五组	第六组	备注
1							
2							
3							
4							
5							
6							
7							
8							
9							
10							
合计							

组长		记录员	
汇报人员		监督员	
研讨记录			
组员签字			

学习单元二 危险货物包装与标志

活页任务单	危险货物包装与标志		
学习项目	危险品货物	学习任务	危险货物包装与标志
学习小组		工作时间	
分工情况			
技能训练 7-2：危险货物包装标志竞答			

1. 竞答题目整理

2. 小组积分记录

请将各小组积分记录如下（正确积 3 分，弃权积 1 分，错误积 −1 分）

题号	第一组	第二组	第三组	第四组	第五组	第六组	备注
1							
2							
3							
4							
5							
6							
7							
8							
9							
10							
合计							

组长		记录员	
汇报人员		监督员	
研讨记录			
组员签字			

学习单元三 危险货物储存与运输

活页任务单	危险货物储存与运输		
学习项目	危险品货物	学习任务	危险货物储存与运输
学习小组		工作时间	
分工情况			
技能训练 7-3：危险货物运输案例分析			

一、案例描述

二、ME-think

三、WE-pair

四、US-share

组长		记录员	
汇报人员		监督员	
研讨记录			
组员签字			

项目八　集装箱货物

学习项目	集装箱货物					
学习人员		学习时间				
学习方式		完成情况	□完成	□部分完成		□未完成

	扫描二维码　　　　主动学资源　　　　看谁笔记棒
学习资源	助学案例 8-1：集装箱的概念与分类　　　助学案例 8-2："保税＋出口"货物集装箱混拼 巩固练习参考答案
学习笔记	

学习单元一　认识集装箱货物

活页任务单	认识集装箱货物		
学习项目	集装箱货物	学习任务	认识集装箱货物
学习小组		工作时间	
分工情况			
技能训练 8-1：我是适箱货物吗？			

1. 竞答题目整理

2. 小组积分记录

请将各小组积分记录如下（正确积 3 分，弃权积 1 分，错误积 −1 分）

题号	第一组	第二组	第三组	第四组	第五组	第六组	备注
1							
2							
3							
4							
5							
6							
7							
8							
9							
10							
合计							

组长		记录员	
汇报人员		监督员	
研讨记录			
组员签字			

学习单元二　集装箱货物的装箱

活页任务单	集装箱货物的装箱						
学习项目	集装箱货物		学习任务		集装箱货物的装箱		
学习小组			工作时间				
分工情况							
技能训练 8-2：集装箱货物选箱竞答							

1. 竞答题目整理

2. 小组积分记录

请将各小组积分记录如下（正确积 3 分，弃权积 1 分，错误积 −1 分）

题号	第一组	第二组	第三组	第四组	第五组	第六组	备注
1							
2							
3							
4							
5							
6							
7							
8							
9							
10							
合计							

组长		记录员	
汇报人员		监督员	
研讨记录			
组员签字			

学习单元三　集装箱货物汗湿防范措施

活页任务单	集装箱货物汗湿防范措施		
学习项目	集装箱货物	学习任务	集装箱货物汗湿防范措施
学习小组		工作时间	
分工情况			
技能训练 8-3：集装箱货物运输案例分析			

一、案例描述

二、ME-think

三、WE-pair

四、US-share

组长		记录员	
汇报人员		监督员	
研讨记录			
组员签字			